HANS-MARTIN BARTH

W0065256

Spiritualität

Ökumenische Studienhefte 2

V&R

VANDENHOECK & RUPRECHT
IN GÖTTINGEN

BENSHEIMER HEFTE
Herausgegeben vom Evangelischen Bund
Heft 74

Ökumenische Studienhefte 2

Im Auftrag des Konfessionskundlichen Instituts
hg. von Hans-Martin Barth und Reinhard Frieling

Die Deutsche Bibliothek — CIP-Einheitsaufnahme

Barth, Hans-Martin:
Spiritualität / Hans-Martin Barth. — Göttingen:
Vandenhoeck und Ruprecht, 1993
(Bensheimer Hefte; H. 74: Ökumenische Studien-
hefte; H. 2)
ISBN 3-525-87162-7
NE: Bensheimer Hefte / Ökumenische Studienhefte

INHALT

VORWORT DER HERAUSGEBER

Die ökumenische Situation ist gegenwärtig schwer über-
schaubar. Zu einer Vielzahl von Themen haben unterschied-
lichste Kommissionen gearbeitet; vielfältige Papiere wurden
vorgelegt; Verlautbarungen und Vereinbarungen wurden ver-
öffentlicht und teilweise dann doch nicht rezipiert. Noch
unübersichtlicher ist die Lage dadurch geworden, daß zu den
klassischen konfessionellen Positionen — Orthodoxie, römi-
scher Katholizismus, Protestantismus — neue regional oder
kulturell bedingte Strömungen wie feministische und ökologische Denkansätze oder Befreiungstheologien getreten sind,
die sich den überkommenen Mustern schwer zuordnen lassen. Wo steht die Ökumene heute? Was ist erreicht? Welche
Aufgaben gilt es anzupacken?

Die Antworten auf diese Fragen hängen ganz von dem
jeweiligen Problemfeld ab, auf das hin sie gestellt werden.
Die BENSHEIMER ÖKUMENISCHEN STUDIEN-
HEFTE möchten in dieser Situation über das bisher
Erreichte informieren, indem sie wichtige Texte vorstellen
und interpretieren. Sie möchten auf diese Weise zur Weiterarbeit ermutigen. Es wurden diejenigen Themen ausgewählt,
die entweder zum klassischen Bestand ökumenischer Diskussion gehören oder durch die jüngsten Entwicklungen, insbesondere den konziliaren Prozeß, ins Zentrum ökumenischer
Aufmerksamkeit geraten sind.

Die einzelnen Hefte sind jeweils so aufgebaut, daß sie in
einem TEIL A konfessions- und kontextspezifische Positionen darstellen, in einem TEIL B die relevanten Dialoge würdigen und die wichtigsten ökumenischen Prozesse beschreiben, und schließlich in einem TEIL C eine vorläufige Bilanz

ziehen bzw. weiterführende Perspektiven aufzeigen. Ein ausgewogenes Verhältnis von Dokumentation und Darstellung soll ein sachgemäßes Urteil ermöglichen. Die Gewichtung der einzelnen Elemente, die in jedem Heft Berücksichtigung finden, wird freilich von Thema zu Thema variieren.

Die Bensheimer Ökumenischen Studienhefte können auf diese Weise im universitären Lehrbetrieb, aber auch im Religionsunterricht und in der Erwachsenenbildung sinnvoll verwendet werden. Sie werden darüberhinaus Pfarrerinnen und Pfarrern, Mitgliedern kirchlicher Gremien und allen ökumenisch Interessierten eine verläßliche Gesprächsgrundlage bieten.

Die Autorin und die Autoren haben es sich zur Aufgabe gemacht, die Hefte, soweit möglich, in einem doppelten Arbeitsgang gemeinsam zu beraten: Nach der Sammlung des Materials und der Präsentation einer Skizze zum Aufbau des jeweiligen Heftes wird auch die Endfassung des jeweiligen Textes gemeinsam diskutiert und verabschiedet. Die Darstellung erfolgt im Geist unseres Leitwortes: evangelisch und ökumenisch.

Marburg/Bensheim, den 1. Dezember 1992

Professor Dr. Hans-Martin Barth
Professor Dr. Reinhard Frieling

EINLEITUNG

Dem gelegentlich beklagten Verlust traditioneller Frömmigkeit steht innerhalb und außerhalb der Kirchen eine Fülle von Gestalten und Typen einer unerwarteten neuen Spiritualität gegenüber: Fernöstliche Meditationspraktiken finden ihre Anhängerschaft, Kultfilme und Kultkonzerte ziehen besonders die Jugend an, aber auch innerhalb herkömmlicher Kirchengemeinden wird nach neuen Formen geistlichen Lebens und Gestaltens gesucht. Welche Bedeutung hat überkommene und neue Spiritualität für den weiteren Verlauf der ökumenischen Bewegung?

Spiritualität ist kein klassisches Thema ökumenischer Diskussion wie Amt, Taufe oder Abendmahl/Eucharistie. Es scheint sich hier eher um einen Nebenschauplatz ökumenischer Prozesse zu handeln. Gerät man da nicht unversehens in das unübersichtliche und schlüpfrige Gelände von Volksfrömmigkeit und Religiosität überhaupt? Sind in diesem Zusammenhang nicht Religionspsychologie und Religionssoziologie stärker gefragt als ökumenische Theologie? Dann könnte man sich über den therapeutischen Wert — oder die spezifischen Risiken! — einer bestimmten Spiritualität verständigen oder statistisch erheben, wie es mit dem Gottesdienstbesuch oder mit der Selbstmordrate in einer jeweiligen Konfession steht.

Es gibt nur vergleichsweise wenige offizielle Verlautbarungen oder gar Konvergenztexte dazu. Methodisch muß ein Versuch, ökumenische Spiritualität zu thematisieren, daher anders vorgehen, als dies bei der Bearbeitung von Konvergenztexten möglich wäre. Texte können hier ohnehin nur eine nachgeordnete Rolle spielen, und sie wollen nicht auf ihre theologische Konsistenz hin analysiert, sondern im Blick auf das Leben, das in ihnen steckt, erschlossen werden.

Offensichtlich aber ist das Thema Spiritualität für ökumenische Prozesse nicht ohne Bedeutung. Die ökumenische Bewegung selbst wurde von ihren Trägern als ein spirituelles Ereignis verstanden. Wenn auch alsbald die Theologen das Wort nahmen, alte Texte analysierten und neue Texte fabrizierten, so ist die Frage nach der den alten wie den neuen Texten zugrundeliegenden Spiritualität nie verstummt. Nach dem relativen Erfolg der Konvergenzerklärungen von Lima, die ja ihrerseits durch einen eindeutig spirituellen Vorgang begleitet waren, nämlich die Arbeit an der Lima-Liturgie, scheint die isolierte Konvergenzmethode erschöpft. Was durch Formeln und deren Interpretation, Rezeption oder Neuartikulation erreicht werden kann, ist offenbar weitgehend erreicht. Soll die ökumenische Sache nicht in eine Phase der Stagnation oder gar einer schleichenden Rückentwicklung verfallen, so muß sie auf einer neuen Ebene weitergeführt werden. Das Stichwort Spiritualität deutet die Richtung an.

Ermüdungserscheinungen gibt es nicht nur unter den Trägern der ökumenischen Bewegung, sondern ebenso innerhalb einzelner Konfessionen und Denominationen, die an ihr beteiligt sind. Aber auch einzelne Christen und Christinnen sind enttäuscht — nicht nur über die kaum vorankommende Ökumene, sondern vor allem über das fehlende geistliche Leben innerhalb der eigenen Konfession. Wo bleibt der „Erweis des Geistes und der Kraft" (1 Kor 2,4)? Die Frage nach geistlicher Kraft in anderen Traditionen, in anderen Teilgruppen der weltweiten Christenheit, wird laut: Sollte es denn, wenn der „fahrende Platzregen" (Martin Luther) tatsächlich vorübergezogen ist, nicht andernorts, in andern Zusammenhängen, im Kontext unerwarteter oder auch verschütteter Erfahrungen neue Aufbrüche, ansteckende Zeugnisse für das Wirken des Heiligen Geistes geben? Sollten die Konfessionen nicht gerade im geistlichen Bereich voneinander lernen und einander inspirieren können? Wenn das Wirken des Heiligen Geistes für die gesamte Christenheit angenommen werden darf, dann muß auch die in ihr zutage tretende Spiritualität — trotz aller Vielfalt — unteilbar sein. Könnte sich die Christenheit nicht gerade „in spiritualibus" als die eine, heilige, katholische und apostolische Kirche entdecken? Spiritualität wäre dann als solche ein ökumenisches Phänomen, das über die Grenzen der jeweils eigenen Konfession hinausweist. Die Frage nach irregeleiteter Spiritualität schließt sich hier freilich an: Wie steht es mit dem Kampf der Geister? Zugleich wird der Blick über die Grenzen der verfaßten Kirchen hinausgelenkt: Wenn Gottes Geist auch außerhalb der Kirche wirkt, muß es wohl Zusammenhänge zwischen christlicher und außerchristlicher Spiritualität geben, die vielleicht auf das Heraufkommen einer neuen Entwicklungsphase menschlicher Spiritualität, auf eine neue Epoche des göttlichen Heilshandelns überhaupt hinweisen.

Das Interesse an Spiritualität ist nicht vorrangig bei professionellen Theologen zu finden. Jeder Mensch kann hier eigene Erfahrungen einbringen, Einsichten mit anderen austauschen, Vorschläge übernehmen und ausprobieren. Während die Kommunikabilität religiöser Theorien und theologischer Systeme rapide abzunehmen scheint, steht hier ein Feld offen, auf dem viele miteinander kommunizieren können. Die Grenzen zwischen Mitgliedern unterschiedlicher Konfessionen, ja Religionen, selbst zwischen religiös aufgeschlossenen und säkular gestimmten Skeptikern beginnen hier zu fließen. Daß es auch dabei zu Kommunikationsabbrüchen und -verboten kommt, macht die Frage nach einer wahrhaft ökumenischen Spiritualität noch einmal dringlicher.

Da es beim Thema Spiritualität in hohem Maße um Erfahrung geht, kann ein Autor, der sich darum bemüht, wohl nicht in derselben Weise zurücktreten, wie dies bei der Analyse eines theologischen Textes möglicherweise der Fall wäre. Auch die Leser und Leserinnen werden ja auf eine etwas andere Weise in Anspruch genommen. Ich selbst bin tief in einer durch Pietismus und Aufklärung angereicherten lutherischen Frömmigkeit verwurzelt. Aber ich weiß auch, was eine Maiandacht ist. Eine ganze Reihe von Wochen meines Lebens habe ich in Klöstern zugebracht, bei Benediktinern und Franziskanern und unter orthodoxen Mönchen. Ich kann dem Schweigen der Quäker etwas abgewinnen, dem kargen Gottesdienst der Waldenser und der Göttlichen Liturgie. Ich versuche, die neu sich herausbildende Frömmigkeit von Frauen und die politisch geprägte Spiritualität zu verstehen. Selbst von außerchristlichen Meditationsweisen meine ich Weiterführendes zu lernen. Wie findet — im individuellen Bereich und im Sinne einer weltweiten Ökumene — dies alles zusammen? Es gilt, der Phänomene ansichtig zu werden, sie miteinander in Beziehung zu setzen, Rezeptions- und Absorptionsprozesse, in denen sie stehen, zu beobachten und schließlich die Frage nach ihrer Dienlichkeit zu stellen: Zu dienen haben sie dem Heil der Menschen und der Ehre Gottes. Der dreieinige Gott selbst ist es, der unter vielfältigsten Gestalten von Spiritualität sich von Menschen erfassen läßt und ihnen darin dient. Mit dieser „Arbeitshypothese", die meiner eigenen spirituellen Tradition entstammt, wage ich mich an den Versuch, ökumenische Spiritualität zu untersuchen und für sie zu werben.

I. Definition und Abgrenzungen

1. Zur Begriffsgeschichte

Ob sich der Begriff „Spiritualität" auf Dauer in der deutschen Sprache etabliert hat oder doch nur eine Modeerscheinung darstellt, ist noch nicht ausgemacht. In der deutschsprachigen theologischen Literatur beginnt seine Konjunktur erst mit dem Anfang des letzten Drittels unseres Jahrhunderts. Im deutschen Kontext ist er — anders als in den romanischen Sprachen — von seinem Wortbestand her auch nicht wie von selbst auf den Heiligen Geist zu beziehen; er verweist hier in Assoziationszusammenhänge wie „Spiritualisierung", „Spiritismus" oder gar „Spirituosen". Aber auch im Französischen, aus dem er übernommen wurde, hat er nur in bestimmten Epochen Konjunktur: In der Mitte des 17. und im 18. Jahrhundert wird intensiv, manchmal auch pejorativ (Kardinal Bossuet!) von ihm Gebrauch gemacht. Man bemüht sich um „La véritable spiritualité du Christianisme ou la haute science des saints" (B. Saladin 1698). Das dem französischen Begriff zugrundeliegende lateinische Wort „spiritualitas" taucht in der mittelalterlichen Theologie nicht gerade häufig, aber doch klar genug auf — zuletzt als technisch-juridische Bezeichnung „geistlicher" (im Gegensatz zu

„weltlichen") Personen oder Dingen, zuvor in einem eher philosophischen Sinne zur Charakterisierung einer bestimmten Seins- oder Erkenntnisweise (Gilbert de la Porrée), und — so schon Ende des 5. Jahrhunderts — in einem spezifisch religiösen Verständnis: „... bemühe dich, hüte dich, laufe, eile. Bemühe dich, daß du in der Spiritualität (spiritualitas) voranschreitest ..." Daß dieser früheste bekannte Beleg Pelagius oder doch einem seiner Schüler zugeschrieben wird, mag hellhörig machen. Durch das lateinische Wort „spiritualis" — möglicherweise eine genuin christliche Sprachschöpfung! — wurde der neutestamentliche Begriff „pneumatikós" (vgl. besonders 1 Kor 2,13ff) übersetzt. Trotzdem wird man das Wort Spiritualität nicht im biblischen Sprachgebrauch verankert sehen können. Sucht man innerhalb des biblischen Zeugnisses nach der Sache, die der Begriff Spiritualität meint, so wird man inhaltlich neben pneumatologischen Aussagen, wie sie z. B. Röm 8,9-17 vorliegen, die Rede von Glaube, Hoffnung und Liebe zu berücksichtigen haben, formal aber eher bei der Wortgruppe und dem Wortfeld von „eusébeia" (Ehrfurcht, Frömmigkeit) einzusetzen haben. Der Begriff Spiritualität läßt sich nicht auf direktem Wege auf die Heilige Schrift zurückführen; er gehört vielmehr zur Auslegungs- und Wirkungsgeschichte des biblischen Zeugnisses, von dem her er darum auch immer wieder kritisch hinterfragt und präzisiert werden muß.[1]

2. Definitionsversuche

In der einschlägigen Literatur wird allenthalben beklagt, der Begriff lasse sich nicht eindeutig definieren; er habe etwas Schillerndes, worin freilich auch seine Chance liegen könne. Gelegentlich behelfen sich theologische Autoren mit der Bezugnahme auf die Brockhaus-Enzyklopädie, derzufolge Spiritualität die Frömmigkeit meine, „insofern sie das unter Mitwirkung des Menschen vollzogene Werk des Geistes Gottes ist. Weiterhin ist mit Spiritualität die personale Aneignung

---

[1] Zur Begriffsgeschichte vgl. A. Solignac, Art. Spiritualité. I. Le mot et l'histoire, in: DSp 14,1142-1160.

der Heilsbotschaft gemeint. Durch das sich so entfaltende geistliche Leben soll der Mensch in eine immer tiefer ausreifende persönliche Beziehung zu Gott in Christus treten, die sich nicht nur in Gebet und Kult, sondern auch im Dienst an der Kirche und den Menschen ausprägt und mit den entsprechenden christlichen Haltungen auch die jeweils ausgeübten profanen Berufe durchformt" (Bd. 17, 748). Darüber hinaus gibt es eine Fülle von — oft aus katholischer Feder stammenden — Definitionsvorschlägen, von denen einige hier vorgetragen seien. Wenn sie theologisch orientiert sind, kreisen sie vor allem um das Woher, wenn sie anthropologisch interessiert sind, um das Wie christlicher Spiritualität. In einem eher theologisch verantworteten Sinn wird Spiritualität verstanden als „Leben aus dem Geist" (Karl Rahner) bzw. als „das wahrnehmbare geistgewirkte Verhalten des Christen vor Gott" (EKD-Studie „Evangelische Spiritualität") oder „the formation of life in response to the divine Spirit as that is known in Jesus Christ" (John B. Cobb). Da Spiritualität „die gelebte Grundhaltung der Hingabe des Menschen an Gott und seine Sache" bezeichne, sei sie eine „so vielgestaltige Größe wie das Leben selbst und wie die Vielgestaltigkeit möglicher Beziehungen zu Gott" (G. Greshake). Die eher anthropologisch angesiedelte Definition verweist auf Spiritualität als eine „Geisteshaltung" bzw. eine „Grundhaltung" (H. U. von Balthasar), freilich die „Grundhaltung des Christen, die sich in allen Vollzügen seines Lebens auswirkt: in einer Lebensführung, die sich bewußt als vom spiritus sanctus geleitet versteht" (Tr. Stählin). In diesem Sinne hatte der damalige Vorsitzende des Zentralausschusses, der Inder M. M. Thomas, auf der Weltmissionskonferenz in Bangkok formuliert: „Menschliche spirituality ist der Weg, auf dem der Mensch nach letzten geheiligten und sinnvollen Strukturen sucht, innerhalb derer er sich selbst erfüllen und verwirklichen kann." Spiritualität wird so zu einem weitgehend offenen anthropologischen Begriff, der „integrales Bewußtsein" gänzlich unabhängig von jeweiligen Inhalten bezeichnen kann. Ein Erbe von Mystik und Asketik, die beide im Umfeld spiritueller Bemühungen oft eine Rolle gespielt haben, ist es wohl, wenn von einigen Autoren das Moment der konkreten Lebensgestaltung besonders hervorgehoben wird. So benennt K. Rahner „die bewußte und in etwa methodische

Entwicklung des Glaubens, der Hoffnung und der Liebe" als Sache der Spiritualität. A. Rotzetter spricht von der „geregelten, methodischen, gemeinsamen Ausgestaltung christlichen Geistes", während ein protestantischer Autor Spiritualität knapp und zugleich umfassend als „Selbstorganisation christlicher Existenz" bezeichnet (W. Nethöfel). Offensichtlich wird christliche Spiritualität häufig mit „Lebensstil" zusammengedacht.[2]

3. Abgrenzungen

Da sich eine eindeutige Definition von Spiritualität nicht gewinnen läßt, hilft es möglicherweise weiter, den Begriff durch Vergleich mit verwandten Ausdrücken näher zu fassen und durch Abgrenzungen zu präzisieren. Im Deutschen legt sich zuallererst der Vergleich mit dem Begriff „Frömmigkeit" nahe, den „Spiritualität" abgelöst und möglicherweise beerbt hat. Man verweist darauf, daß „Frömmigkeit", ursprünglich ein Begriff zur Bezeichnung eines im Glauben gegründeten und in der tätigen Liebe auf alle Lebensbereiche sich auswirkenden Gottesverhältnisses, infolge des Pietismus und der Entwicklung im 19. Jahrhundert sich zunehmend nur noch auf das Individuum und schließlich dessen „Innerlichkeit" bezogen habe. „Spiritualität" dagegen betone den ganzheitlichen Charakter und das Moment einer „ekklesial-gemeinschaftlichen Verwirklichung" des Glaubens (J. Sudbrack). Während der „Fromme" aus der für ihn immer neu notwendigen, aber ihm auch immer neu geschenkten Vergebung lebt, ist „Spiritualität" eher am neuen Menschen, an spirituellem Wachstum, am „Leben im Geist" orientiert. Die terminologi-

---

[2] Die Fundorte in der Reihenfolge der Nennungen: Rahner: Chr. Schütz (Hg.), Praktisches Lexikon der Spiritualität, Freiburg i.Br. 1988, 1171; Cobb: Tantur Yearbook 1979-80, 42; Greshake: U. Ruh u.a. (Hg.), Handwörterbuch religiöser Gegenwartsfragen, Freiburg i.Br. 1986, 443; von Balthasar: ders., Spiritus Creator. Skizzen zur Theologie III, Einsiedeln 1967, 247; Stählin: US 36 (1981) 290; M.M. Thomas zit. nach: ÖR 26 (1977) 130; K. Rahner: Chr. Schütz (Hg.), a.a.O. 1171; A. Rotzetter (Hg.), Seminar Spiritualität 1, Zürich 1979, 21; W. Nethöfel: EvTh 49 (1989) 198.

sche Veränderung stellt also tatsächlich etwas wie einen Paradigmenwechsel dar (E. Fahlbusch[3]), der konfessionelle Implikationen hat und als solcher als ein ökumenischer Vorgang zu bewerten ist: Von evangelischer Frömmigkeit geprägte Christen werden auf mögliche Defizite, Katholiken dagegen auf mögliche Gefährdungen ihres jeweiligen Ansatzes aufmerksam zu machen sein. Auch mit dem Ausdruck „Religiosität" gibt es mancherlei Überschneidungen. Doch wird er eher im Blick auf Gefühle gegenüber dem Numinosen oder entsprechende Handlungen in Kult und Riten verwendet und ist damit enger als der Begriff „Spiritualität", der das Moment der Bewußtheit oder sogar eine gewisse Reflektiertheit mit einschließt. Sicher ist Spiritualität auch nicht durch „Ethos" zu ersetzen, da sie das einem jeweiligen Ethos zugrundeliegende Sein anspricht, und noch weniger durch „Lehre", da sie nicht am theoretischen System oder gar an metaphysischen Spekulationen interessiert ist, sondern an dem Sein, das die Dogmatik ihrerseits nur reflektieren kann; sie ist „die subjektive Seite der Dogmatik" — „Wort Gottes, sofern es aufgenommenes und in der Braut sich entfaltendes ist" (H. U. von Balthasar[4]).

Schließlich eignet sich auch der Begriff „Glaube" nicht, das mit „Spiritualität" Gemeinte zu bezeichnen, da er dem allgemeinen Sprachgebrauch zufolge nicht zugleich die Formen seiner Verwirklichung und die Fülle seiner Auswirkungen impliziert. Allenfalls könnte man — unter Rückgriff auf Martin Buber — an „Glaubensweise" denken, wobei dann aber die Möglichkeit, ein nicht als „Glaube" im engeren Sinn verstandenes spirituelles Bewußtsein zu artikulieren, ausgeschlossen wäre. Es hat also gute Gründe, wenn sowohl im Blick auf die christlichen Konfessionen als auch im ökumenischen Zusammenhang und darüber hinaus sich der Begriff „Spiritualität" durchgesetzt hat. Er deckt die Spannung zwischen Individuum und Gemeinschaft ebenso ab wie die zwischen partikularer Verwirklichung und Ganzheitlichkeit. Er kann — anthropologisch — eine Geisteshaltung und — theo-

---

[3] E. Fahlbusch, Spiritualität oder Frömmigkeit? Bemerkungen zu einem zeitgenössischen Paradigmenwechsel, in: MdKI 41 (1990) 114-117.
[4] Spiritualität, in: GuL 31 (1958) 341.

logisch — die Geistgewirktheit solcher Geisteshaltung bezeichnen. Er gibt der Pluriformität einer Vielfalt von Spiritualitäten ebenso Raum wie dem Gedanken einer umfassenden ökumenischen Spiritualität. Er ist ökumenisch, ja interreligiös integrativ. Zugleich sind einige Probleme, die sich gerade im ökumenischen Zusammenhang mit ihm stellen, nicht zu verkennen. Konfessionell gesehen, ist er römisch-katholisch geprägt. In den Ostkirchen hat er sich bislang nicht eingebürgert; dort spricht man lieber wie ehedem von Askese und „christlichem Leben". Auf die Spannung zum reformatorisch geprägten Begriff der Frömmigkeit wurde bereits hingewiesen. Zudem dürfte dem Begriff Spiritualität eine synkretistische Tendenz innewohnen, die sich ökumenisch fruchtbar, aber auch gefährlich, weil verflachend und verfälschend, auswirken kann. Schließlich bleibt die Frage, wie es gerade im Blick auf die Vielfalt von Spiritualitäten genuine Aufgabe christlicher, am biblischen Zeugnis ausgerichteter Spiritualität bleiben kann, „die Geister zu prüfen, ob sie von Gott sind" (1 Joh 4,1; vgl. 1 Thess 5,21, Röm 12,2, Eph 5,10).

Auf der Vollversammlung des ÖRK 1991 in Canberra wurden zum Thema „Spiritualität" folgende Thesen formuliert:

„1. ,Stellt euch nicht dieser Welt gleich, sondern ändert euch durch Erneuerung eures Sinnes, damit ihr prüfen könnt, was Gottes Wille ist ...' (Röm 12,2). Gott ruft die Menschen zur Verwandlung und Heiligung auf. Seine Gnade ist uns geschenkt, damit sie unser Leben und unsere Strukturen durchdringe und wir uns in den Dienst der Menschheit und der ganzen Schöpfung stellen und in allen Dingen Gott, den Vater, den Sohn und den Heiligen Geist verherrlichen.
2. Es ist gesagt worden, daß Spiritualität bedeutet, sowohl das Leben gestalten als auch Raum schaffen, damit der Heilige Geist wirken kann. Spiritualität hat daher eine praktische Dimension. Sie hat zu tun mit Prioritäten, dem Kalender und dem Lebensrhythmus. Zeiteinteilung und Strukturen, Kultur, Tradition und Persönlichkeit haben einen Einfluß auf die Art und Weise, wie Gemeinschaften und einzelne ihre Spiritualität zum Ausdruck bringen. Die verschiedenen Erfahrungen von Gottes Gegenwart durch den Heiligen Geist im Wort, in

15

der Kirche und im Leben bestimmen ebenfalls unser Verständnis von Spiritualität.

3.Die Menschen sehnen sich zutiefst nach Erfüllung, sie haben ein geistliches Verlangen, das zu werden, was wir nach der Schöpfung sein sollen, in Christus schon sind und noch werden sollten. Wir wurden nach Gottes Bild geschaffen (imago Dei trinitatis), wir wachsen in der Ebenbildlichkeit mit Christus.

4. Die ganze Schöpfung, die durch menschliche Sünde gebunden ist, harrt ängstlich und 'wartet darauf, daß die Kinder Gottes offenbar werden' (Röm 8,19). Die Dinge sind nicht in Ordnung oder vollendet, so wie sie sind. Die geknechtete Menschheit erwartet mit der ganzen Schöpfung die Freiheit, die der Heilige Geist schenkt.

5. Spiritualität wurzelt in der Taufe und in der Nachfolge. Durch sie sind wir in das Sterben und die Auferstehung Christi hineingenommen, werden Glieder seines Leibes und empfangen die Gaben des Heiligen Geistes, damit wir ein Leben führen, das in den Dienst für Gott und für Gottes Kinder gestellt ist.

6. Spiritualität ist die Feier der Gaben Gottes, Leben in Fülle, Hoffnung in Jesus Christus, dem gekreuzigten und auferstandenen Herrn, und Verwandlung durch den Heiligen Geist. Spiritualität ist auch das unablässige, oft mühsame Ringen um das Leben im Licht inmitten von Dunkelheit und Zweifel. Spiritualität bedeutet, das Kreuz um der Welt willen auf sich nehmen, an der Qual aller teilhaben und in den Tiefen menschlichen Elends Gottes Antlitz suchen.

7. Spiritualität — in ihren vielfältigen Formen — heißt lebenspendende Energie empfangen, geläutert, inspiriert, frei gemacht und in allen Dingen in die Nachfolge Christi gestellt werden.

8. Eine ökumenische Spiritualität für unsere Zeit sollte, 'hier und jetzt inkarniert, lebenspendend, in der Schrift verwurzelt und vom Gebet genährt, in der Gemeinschaft und der Feier Gestalt finden, ihre Mitte in der Eucharistie haben und in Vertrauen und Zuversicht ihren Ausdruck im Dienst und im Zeugnis finden. Sie wird unvermeidlich zum Leiden führen, sie ist offen für die umfassende Ökumene, freudig und hoffnungsvoll ... Ihre Quelle und Orientierung ist das Wirken des Heiligen Geistes. Sie wird in der Gemeinschaft und für andere

gelebt und gesucht. Sie ist ein fortdauernder Prozeß des Sich-
formenlassens und der Nachfolge ...' (Erneuerung und
Gemeindeleben 1984) ..."[5]

II. Konfessionsspezifische und ökumenische Spiritualität

1. Spezifische Spiritualitäten

Von Frömmigkeit kann man nur im Singular, von „Spiritualitäten" aber eben auch im Plural reden. Im Lauf der
Geschichte und ebenso innerhalb einer Konfession kann es
unterschiedliche Spiritualitäten geben: Neben der Spiritualität der Benediktiner steht die der Franziskaner, neben derjenigen des Klerus die der Familie usw. Im Blick auf die Ökumene ist zweierlei von Belang: daß es heute neue Typen von
Spiritualität gibt, die sich über die Konfessionsgrenzen hinweg in verschiedenen Kontexten gleichzeitig herausbilden,
wie etwa die feministische Spiritualität oder die der Befreiung, und daß andererseits Spiritualität auch ganz konfes-
sionsbezogen aufgefaßt werden kann. Der 1990 publizierte
Artikel „spiritualité" in dem renommierten, seit 1932 erscheinenden Dictionnaire de Spiritualité enthält keinen einzigen
Hinweis auf ökumenische Spiritualität, es sei denn man ver-
stünde die Bemerkung, daß sich auch die Spiritualität von
Häretikern wie Pelagius oder Luther oft für die (römisch-
katholische) Kirche fruchtbar ausgewirkt habe, als „ökumenisch".[6] H. U. von Balthasar definiert Spiritualität in einer
Weise, die ausschließlich auf seine eigene Konfession verweist: Subjekt sei nämlich „die (ergänze: römisch-katholische) Kirche selbst", und „nur durch Teilnahme an der kirchlichen Subjektivität" werde „jedes andere Subjekt" zu „einem
christlichen Subjekt". In Maria als dem Urbild der Kirche

---

[5] In: W. Müller-Römheld (Hg.), Im Zeichen des Heiligen Geistes.
Bericht aus Canberra 1991. Offizieller Bericht der Siebten Vollversammlung des Ökumenischen Rates der Kirchen 7. bis 20. Februar
1991 in Canberra/Australien, Frankfurt am Main 1991, 115-117.
[6] DSp 14, 1142-1173.

fänden subjektiv geprägte Spiritualität des einzelnen und objektiv gegebene Spiritualität der Kirche zueinander. Das „Geheimnis des Marianischen" erweise sich „als Sammelpunkt und Inbegriff des vom Geist beseelten bräutlichen Gegenüber".[7] Zu Recht fragt daher G. Voss: „Katholische Spiritualität — ein ökumenisches Hindernis?" Er konstatiert, es gelte, konfessionsspezifische Spiritualität immer unter einem dreifachen Aspekt zu bedenken: „1. als Traditio, d.h. als gelebte Vermittlung, 2. als Confessio, d.h. als Bekenntnis (‚Kampf'), 3. als Intentio, d.h. als ganzheitliche Ausrichtung und damit als perspektivische Ausrichtung des Glaubens".[8] Sollte es zu einer (konfessions)spezifischen Spiritualität gehören, sich in Traditio, Confessio oder Intentio — oder gar in allen drei Bereichen — absolut zu setzen, so ist ihre ökumenische Bedeutung auf die Möglichkeit der Provokation reduziert.

2. Ökumenische Spiritualität

Die ökumenische Bewegung selbst begreift sich als spirituelles Ereignis. Die Einrichtung einer jährlichen Weltgebetsoktav 1908 und die Eucharistiefeier auf der Weltmissionskonferenz in Edinburgh 1910 stehen an ihrem Anfang. „Gottes Geist ... war es, der uns hier zusammengerufen hat. Daß er unter uns war, wurde in unseren Gottesdiensten, in unseren Beratungen und in unserer Gemeinschaft offenbar. Er hat uns geholfen, uns gegenseitig zu entdecken ..." (Lausanne 1927).

Die Vollversammlungen des ÖRK in Uppsala 1968, in Nairobi 1975, in Vancouver 1983 und in Canberra 1991 behandelten das Thema Spiritualität auf je eigene und weiterführende Weise (vgl. unten S. 98ff). Auch der konziliare Prozeß „Gerechtigkeit, Frieden und Bewahrung der Schöpfung" versteht sich als Ausdruck ökumenischer Spiritualität. Das

---

[7] GuL 31 (1958) 341, 349.
[8] US 33 (1978) 199ff; ders., in: P. Lengsfeld (Hg.), Ökumenische Theologie. Ein Arbeitsbuch, Stuttgart 1980, 348. Eine vergleichsweise geringe Rolle spielt Spiritualität in dem 1993 erschienenen „Direktorium zur Ausführung der Prinzipien und Normen über den Ökumenismus" (vgl. Dir Nr. 25).

II. Vatikanum stellt in seinem Ökumenismus-Dekret fest, wir müßten „vom göttlichen Geiste die Gnade aufrichtiger Selbstverleugnung, der Demut und des geduldigen Dienstes sowie der brüderlichen Herzensgüte zueinander erflehen" (UR 7); Bekehrung des Herzens zusammen mit dem Gebet als der „Seele der ganzen ökumenischen Bewegung" könne „geistlicher Ökumenismus genannt werden" (UR 8). Worin aber ökumenische Spiritualität besteht und wie sie sich zu (konfessions-)spezifischen Spiritualitäten verhält, ist noch nicht umfassend geklärt.

3. Die Klärung des Verhältnisses von ökumenischer und (konfessions-)spezifischer Spiritualität als theologische Aufgabe

Wenn es auch vielerlei Gemeinsamkeiten und Überschneidungen gibt, so treten doch in der weltweiten Christenheit unterschiedliche Typen von Spiritualität mehr oder weniger deutlich hervor. Ihre Charakterisierung kann im folgenden nicht anders als skizzenhaft vorgenommen werden. Die Gefahr von Verzeichnung und einseitiger Interpretation gilt es dabei natürlich, so weit irgend möglich, zu bannen. An jeden der zu skizzierenden Typen sind jedoch — im Interesse einer wenigstens ungefähren Vergleichbarkeit — gleichlautende relevante Fragen zu stellen. Solche Fragen könnten sein:

Erstens — *Woraus lebt die jeweilige Spiritualität?* Worin hat sie ihre Quelle und ihren letzten Grund? Worauf weiß sie sich in ihrer theologischen Selbstreflexion letztlich bezogen?

Zweitens — *Wie gestaltet sie sich?* Worin liegen ihre bevorzugten Formen und Weisen, sich selbst zu äußern? Mit welchen Hilfsmitteln und methodischen Schritten arbeitet sie?

Drittens — *Worin liegt ihr höchstes Ziel?* Woraufhin entfaltet sie sich? In welchem Verhältnis zueinander stehen ihre immanenten und ihre transzendenten Ziele?

Viertens — *Welche theoretischen oder auch praktischen Probleme ergeben sich für sie* — aus der eigenen Sicht und auch aus der Sicht anderer Spiritualitäten?

Fünftens — *Welche Entfaltungsmöglichkeiten hat sie* im Blick auf weitergehende spirituelle Ansätze im Rahmen der innerchristlichen Ökumene, aber auch darüber hinaus? Inwieweit ist sie auf sich selbst festgelegt, welche Interpretations- und Realisations-Spielräume kennt sie?

Im folgenden (Teil A) sollen sechs spezifische Typen von Spiritualität nach diesem Grundmuster abgefragt und auf diese Weise — füreinander — erschlossen werden: orthodoxe, römisch-katholische, evangelische und charismatische Spiritualität sowie Spiritualität der Befreiung und weibliche Spiritualität. Wie lassen sich diese verschiedenen Typen nun auf eine wahrhaft ökumenische Spiritualität hin bedenken? Hier werden sich zweifellos Gemeinsamkeiten und Differenzen, bereits zu beobachtende Fortschritte und noch offenstehende Aufgaben zeigen.

Dies wiederum kann an einigen relevanten Themen, die in jedem Typus von christlicher Spiritualität eine Rolle spielen dürften, dargelegt werden. Das soll (Teil B) versucht werden an der Frage nach dem Gebet, dem Verständnis des Wortes Gottes und der Sakramente, nach Liturgie sowie nach dem Verhältnis von „Kampf und Kontemplation".

Abschließend (Teil C) wird die Bilanz zu ziehen und die daraus sich ergebende Aufgabenstellung zu formulieren sein. Dabei werden sich neben dem Erreichten Faktoren zeigen, die den ökumenischen Prozeß im Bereich der Spiritualität noch immer stören, aber auch übergreifende Perspektiven, die ihn befruchten und voranbringen können.

A KONFESSIONSSPEZIFISCHE, TRANSKONFESSIONELLE UND KONTEXTBEDINGTE SPIRITUALITÄTEN

I. Orthodoxe Spiritualität

Orthodoxe Spiritualität lebt aus den altkirchlichen Dogmen. Nach orthodoxem Verständnis zielt das Dogma geradezu auf Spiritualität. In der Spiritualität der einzelnen Gläubigen und der gesamten Kirche gewinnt es seine Heilsbedeutung, findet es auf Erden seine vorläufige Erfüllung. In der Liturgie und in den Sakramenten, die bei den Orthodoxen „Mysterien" heißen, wird es gefeiert. Von hier strahlt es aus auf den Alltag der Glaubenden, der durch persönliches Gebet und Askese geprägt werden soll.

1. Spiritualität der Teilhabe und der Beziehung

1.1 *Der dreieinige Gott* steht in seiner ewigen Unerschaffenheit zwar jenseits alles Geschaffenen, doch in seiner großen Menschenfreundlichkeit will er vermittels seiner Energien, seiner „Wirkungsweisen", die Beziehung zu allem Geschaffenen und insbesondere zu den Menschen begründen und, wo sie verdorben ist, reinigen, vertiefen und erfüllen. Als der Schöpfer, als der Logos und als der Heilige Geist ist er in sich selbst Beziehung. In seiner dreifaltigen Einheit begründet er die Komplementarität von individueller Personalität und beziehungsgesättigter Gemeinschaft. Trinität ist daher auch nicht in erster Linie eine abstrakte theologische Lehre; denn sie kann „gelebt" werden: Die Menschen sollen Gott und einander dieselbe Liebe schenken, die in der göttlichen Dreieinheit waltet. „Glaube an die Dreieinigkeit stellt uns unter die Verpflichtung, auf allen Ebenen, vom rein persönlichen bis zum hoch organisierten öffentlichen Leben der Gesellschaft, den Kampf gegen jede Form von Unterdrükkung, Ungerechtigkeit und Ausbeutung zu führen."[9] Das Gleichgewicht von personalem und korporativem Leben soll das Leben sowohl in der Kirche als auch in der Gemeinschaft unter den Menschen überhaupt bestimmen.

1.2 An dem *Gottmenschen Jesus Christus* zeigt sich, daß die sich gänzlich hingebende Liebe auch unter Menschen gelebt werden kann und bereits gelebt worden ist. Er stellt nach Gregor von Nazianz das „Urbild" dessen dar, „was wir sind und werden können". Nach der Überzeugung der Väter der Alten Kirche wurde Gott Mensch, damit der Mensch der Gottheit teilhaftig werden könne. In der Vergöttlichung des Menschen findet die Menschwerdung Gottes ihre Erfüllung. „Mit dem Dogma von Chalzedon hat die Kirche das christliche Leben von der Illusion eines autonomen Humanismus und Mystizismus befreit und die ontologische Grundlage der christlichen Spiritualität" formuliert.[10] Die Gottesmutter war gewürdigt, diesem Geheimnis zu dienen; sie ist darin zugleich zum schlechthinnigen Urbild und Vorbild einer völligen Hingabe an Gott geworden.

1.3 Durch die *Gabe des Heiligen Geistes* wird der Mensch zum Geistträger, zum Christusträger. Im Geist erfaßt er seine Berufung und seine Befähigung zum gottmenschlichen Leben. Der Geist ist „Herr und macht lebendig" (Nizäno-Konstantinopolitanisches Glaubensbekenntnis). Gott würdigt den Menschen darin, daß dieser an seiner Verlebendigung mitwirken darf. Es ist Gnade, daß der Glaubende im Vollzug seines Lebens ein neuer Mensch, ja im Vollsinne überhaupt erst „Mensch" werden kann. Der heilige Geist macht das Individuum zur Person, nämlich zu einem in ge-

---

[9] K. Ware, Der Aufstieg zu Gott. Glaube und geistliches Leben nach ostkirchlicher Überlieferung. Mit einer Einführung von E. Jungclaussen, Freiburg i.Br. 1983, 56.
[10] J. Panagopoulos, Die ökumenische Relevanz der orthodoxen Spiritualität, in: US 38 (1983) 37-50 (Zitat: 46).

lingenden Beziehungen stehenden Wesen. Es geht um die rechte Beziehung zu Gott und zu den Menschen, ja zur Schöpfung. Es geht um die Teilhabe an Gottes Energien. Sie ist allein „Leben im Geist", wahre christliche „Spiritualität".

2. Die Gestalt orthodoxer Spiritualität

Sie kommt, soweit sie auf den einzelnen Glaubenden bezogen ist, auf eindrückliche und zugleich klassische Weise in der sogenannten „Philokalie" (russisch: „Dobrotoljubie") zum Ausdruck, einer Sammlung von geistlichen Texten aus der Väterzeit bis ins 18. bzw. 19. Jahrhundert. Hier werden Erfahrungen mitgeteilt, Ratschläge gegeben und Einsichten vermittelt, die den Glaubenden ermutigen und inspirieren. Schon der Titel des immer wieder veränderten und erweiterten Werks deutet an, worum es in der orthodoxen Spiritualität geht: um die „Liebe zum Schönen" bzw. zur „Tugendschönheit". Zugleich wird hier ersichtlich, daß orthodoxe Spiritualität letztlich monastische Spiritualität ist, wie sie sich in den Aussprüchen der Wüstenväter oder heute noch auf dem Athos zeigt. Auch Laien orientieren sich auf ihrem geistlichen Weg an der in den Klöstern praktizierten Lebensweise. Das orthodoxe Mönchtum spaltet sich ja nicht wie im Westen in unterschiedliche Orden und Kongregationen auf, sondern dient letztlich nur einem Ziel: der geistlichen Erbauung durch Askese, Kontemplation und Feier der Liturgie.

2.1 Die *Askese* kennt, ohne einem Dualismus von Leib und Seele zu verfallen, vielerlei Formen. Im Vordergrund steht das Fasten. Intensiv wahrgenommene Fastenzeiten verteilen sich über das ganze Kirchenjahr, das 40tägige Weihnachtsfasten, die große, ebenfalls 40 Tage währende Fastenzeit vor Ostern, das Apostelfasten in der zweiten Junihälfte und das Marienfasten in den ersten beiden Augustwochen — insgesamt 180-200 Tage im Jahr. Dazu kommt individuelles Fasten, etwa vor der Teilnahme an der Eucharistie. „Wie die körperliche Speise stärkt, so macht das Fasten die Seele kräftiger und verschafft ihr beweglichere Flügel, hebt sie empor und läßt sie über himmlische Dinge nachdenken ..." (Johan-

nes Chrysostomus[11]). Sexuelle und überhaupt jede Form der
Enthaltsamkeit, ebenso zum Beispiel das viele Stunden lange
Stehen in den Gottesdiensten gilt als Askese: Askese ist die
Kunst des geistlichen Lebens, die den Menschen für die Gabe
des Heiligen Geistes empfänglich macht, aber auch Ausdruck
für die Schönheit der Geistesgabe sein kann. Der koptische
Papst Shenouda III. nennt die Askese ein „geistliches Vor-
recht", das im Gegensatz zur außermenschlichen Kreatur
allein den Menschen gewährt werde.

2.2 Inbegriff orthodoxer Spiritualität ist das *Gebet*. Es
dient nicht irgendeinem Zweck; es besteht deshalb auch nicht
vorrangig aus konkreten Bitten. Im Beten realisiert sich vielmehr die Beziehung zwischen Gott und einem Menschen; es
will daher sorgsam vorbereitet und in Ehrfurcht wahrgenommen sein. Es gibt kein echtes Gebet ohne „das Entstehen von
aufeinanderfolgenden Gefühlen zu Gott in unserem Herzen,
des Gefühls der Selbsterniedrigung, der Ergebenheit, des
Dankes, des Lobpreises, des Bittens, des inbrünstigen Nie-
derfallens, der Zerknirschung, der Ergebenheit in den Willen
Gottes und anderer" (Theophan der Klausner[12]). Das wohl
charakteristischste Gebet der Ostkirche ist das „Herzensgebet", wie es vor allem durch die „Aufrichtigen Erzählungen
eines russischen Pilgers" bekanntgeworden ist: Der Gläubige
verbindet mit seinem Atem den einen Satz: „Herr Jesus Christus, du Sohn Gottes, erbarme dich über mich Sünder", den
er unendlich oft wiederholt, bis „es" in ihm zu beten beginnt.
Das Gebet wird so zu einem „immerwährenden" Beten,
„ohne Unterlaß" (vgl. 1 Thess 5,17). Es kann den Glaubenden
auch ins tiefe Schweigen führen, in dem er vor Gott verweilt
und erschüttert der Teilhabe an Gottes Energien, des „Tabor-
lichtes", gewahr wird. In den „Erzählungen eines russischen
Pilgers" heißt es unter Berufung auf Simeon, den Neuen
Theologen:

*„Das unablässige innerliche Jesusgebet ist das ununterbro-
chene, unaufhörliche Anrufen des göttlichen Namens Jesu*

---

[11] Zitiert nach: A. Heilmann (Hg.), Texte der Kirchenväter. Eine
Auswahl nach Themen geordnet, 3. Bd., München 1964, 293.
[12] Zitiert nach K. Chr. Felmy, Die orthodoxe Theologie der Gegenwart. Eine Einführung, Darmstadt 1990, 128.

Christi mit den Lippen, mit dem Geist und mit dem Herzen, wobei man sich seine ständige Anwesenheit vorstellt und ihn um sein Erbarmen bittet bei jeglichem Tun, allerorts, zu jeder Zeit, sogar im Schlaf. Es findet seinen Ausdruck in folgenden Worten: Herr Jesus Christus, erbarme dich meiner! Wenn sich nun einer an diese Anrufung gewöhnt, so wird er einen großen Trost erfahren und das Bedürfnis haben, immer dieses Gebet zu verrichten, derart, daß er ohne dieses Gebet gar nicht mehr leben kann, und es wird sich ganz von selber aus ihm lösen ... Setz dich still und einsam hin, neige den Kopf, schließe die Augen; atme recht leicht, blicke mit deiner Einbildung in dein Herz, führe den Geist, das heißt das Denken, aus dem Kopf ins Herz. Beim Atmen sprich, leise die Lippen bewegend oder nur im Geiste: Herr Jesus Christus, erbarme dich meiner. Gib dir Mühe, alle fremden Gedanken zu vertreiben. Sei nur still und habe Geduld und wiederhole diese Beschäftigung recht häufig".[13]

2.3 Ihren letzten Ziel- und Angelpunkt aber hat orthodoxe Frömmigkeit in der Feier der *Göttlichen Liturgie,* deren Herzstück wiederum die Eucharistie darstellt. Die Chrysostomos-Liturgie weist ins fünfte, die Basilius-Liturgie ins vierte Jahrhundert zurück. Der Gläubige, der daran teilnimmt, findet sich zurückbezogen auf die Anfänge der Kirche und eingebettet in ihren Weg seither. Die äußere Pracht des Gottesdienstes, die Vielgestaltigkeit und doch auch wieder Einheitlichkeit seiner Elemente, auch seine Länge, die den aufmerksam Teilnehmenden Zeit und Stunde vergessen läßt, nimmt ihn zugleich in ein symbolhaft-archetypisches Geschehen hinein, das er als die Gegenwart des göttlichen Geheimnisses zu deuten vermag.

Er weiß sich einbezogen in ein überirdisches Drama, ja in einen Raum, in den wie von fernher die Ewigkeit hineinragt, hineinspielt, wovon selbst der Ort, an dem der Gottesdienst sich vollzieht, Zeugnis gibt: Vom Himmel her senkt sich in Gestalt der Kuppel die lichtvolle Gegenwart des Pantokrators auf die versammelte Gemeinde herab; in der offenen mittle-

---

[13] Aufrichtige Erzählungen eines russischen Pilgers, 1. vollständige deutsche Ausgabe, hg. u. eingeleitet von E. Jungclaussen, Freiburg i. Br. usw. [12]1983, 30f.

ren Tür der Bilderwand, durch die der Priester mit dem Evangelienbuch und mit den geheiligten Gaben tritt, kommen Zeit und Ewigkeit zum Schnitt. Göttliches und Menschliches treffen aufeinander: Gott und Mensch sind vereint, wie denn auch Gottheit und Menschheit des ewigen Logos untrennbar zueinander gehören. Alles kommt darauf an, an diesem Geschehen Anteil zu bekommen. Der ganze Mensch mit Leib und Seele und allen seinen Sinnen muß sich einbeziehen lassen. Gesten helfen ihm dabei: Stehend harrt er vor Gott aus, er kniet nieder, er bekreuzigt sich, zündet eine Kerze an, küßt die Tages-Ikone. Speisen, die er mitgebracht hat, werden gesegnet, Wasser wird geweiht, die Materie geheiligt, der Kosmos dem Herrn der Herrscher dienstbar gemacht. Alles Geschaffene soll seine rechte Beziehung zum Schöpfer wiederfinden: Ihm gehört die Ehre. Er schenkt und gewährt im Gottesdienst sich selbst: Das ist es, was der Mensch demütig in Anspruch nehmen darf.

2.4 *Ikone und Hymnus* sind ihm dabei wichtige spirituelle Hilfen. Die Ikone bildet nicht in erster Linie ab, sie dient nicht als Ersatz für denjenigen, der des Lesens nicht kundig ist: Sie vergegenwärtigt das Urbild, auf das sie als Abbild bezogen ist. Deswegen ist sowohl das Malen als auch das Betrachten der Ikone mit Gebet und Meditation verbunden. Die Ikone ist gleichsam Fenster im Irdischen, durch das die Strahlen der Ewigkeit einen Menschen erreichen. Man kann mit den Gestalten, die hier abgebildet sind, mit Aposteln und Heiligen, mit der Gottesmutter, ja mit dem ewigen Logos Zwiesprache halten, man kann aber auch still vor den Ikonen verharren und sich ihrem ewigen Licht aussetzen, sich gleichsam in ihm „sonnen". In ähnlicher Weise dient der Hymnus nicht in erster Linie der Verkündigung oder katechetischer Unterweisung, sondern er leitet dazu an, einzustimmen in die ewige Liturgie der himmlischen Kräfte. Der Priester und mit ihm das Volk wendet sich an Gott mit den Worten:

„Würdig und recht ist es, dich zu besingen, dich zu preisen, dich zu loben, dir zu danken, dich anzubeten an jedem Orte deiner Herrschaft. Denn du bist der unaussprechliche, der unergründliche, der unsichtbare, der unbegreifliche Gott, der immer ist, der (immer) auf dieselbe Weise ist, du und dein ein-

geborener Sohn und dein Heiliger Geist. Du hast uns aus dem Nichtsein in das Sein herübergebracht und hast uns, die wir gefallen waren, wieder aufgerichtet; du hast nicht nachgelassen, alles zu tun, bis du uns in den Himmel gebracht und uns dein zukünftiges Reich verliehen hast. Für dies alles danken wir dir und deinem eingeborenen Sohn und deinem Heiligen Geist, für alle deine Wohltaten, die an uns geschehen sind, die wir kennen und die wir nicht kennen, die offenbaren und die verborgenen. Wir danken dir auch für diese Liturgie, die du aus unseren Händen anzunehmen geruhst, obgleich vor dir Tausende von Erzengeln und Zehntausende von Engeln stehen, die Cherubim und die sechsflügeligen, vieläugigen, schwebenden und fliegenden Seraphim ...

Die den Siegeshymnus singen, schreien, rufen und sprechen:

Heilig, heilig, heilig ist der Herr Zebaoth, voll sind Himmel und Erde seiner Herrlichkeit ..." (Aus der Anaphora).[14]

2.5 Das „Leben im Geist" führt nach orthodoxem Verständnis in einen Prozeß, der sich in *Stufen* beschreiben läßt. Der erste Schritt besteht für den sündigen Menschen darin, daß er sich seiner Situation vor Gott bewußt wird und Buße tut. Er wird unter großer psychischer Anstrengung und nicht ohne körperliche Askese versuchen, sich von seinen Gebundenheiten an die Welt des Irdischen zu lösen. Dies ist die Stufe der Reinigung, die sich freilich nicht einfach aufgrund eigenen Entschlusses herbeiführen läßt, sondern bereits eine Wirkung der göttlichen Gnade darstellt. Das zeigt sich besonders daran, daß sie mit der „Gabe der Tränen" verbunden sein kann: Der Gläubige weint über den Zustand der Verderbtheit, von dem Gott ihn befreien will. Die zweite Stufe ist die der Erleuchtung, die sich vornehmlich im Gebet vollzieht; hier hat gerade das Herzensgebet eine wichtige Funktion. Die Intensität des ernsthaften Gebets wächst und verändert den Betenden: „Die Seele, die gewürdigt worden, teilzunehmen an dem Geiste des Lichtes selbst, ... die durchleuchtet ist von der Schönheit seiner unaussprechlichen Herrlich-

---

[14] In: Die Göttliche Liturgie des Hl. Johannes Chrysostomus, hg. von F. von Lilienfeld, Bd. 2, Heft A, Erlangen ²1986, 129f.

keit, wird ganz Licht, ganz Antlitz, ganz Auge …" (Makarios der Ägypter). Wie es auf der ersten Stufe um die Aufkündigung der falschen Beziehungen zum Irdischen geht, so in der Erleuchtung um die Entfaltung der wahren und dem Geschöpf gemäßen Beziehung zu Gott. Sie gelangt zum Ziel und zur Vollendung in der „Vergottung", die „mit der Kommunion des Leibes und des Blutes Christi antizipatorisch erlebt" wird.[15]

3. Das Ziel orthodoxer Spiritualität

Zu seinem spirituellen Ziel und damit zu seiner wahren Bestimmung gelangt der Mensch nach orthodoxer Auffassung durch die „Theosis", die „Vergottung", um derer willen Gott Mensch wurde. In der Theosis des Menschen findet die Inkarnation ihr Ziel. „Gott wurde Mensch, damit wir vergöttlicht würden" — unentwegt wird dieser Satz des Athanasius in der orthodoxen Theologie wiederholt. In einem Hymnus, der am Vorabend des Weihnachtsfestes gesungen wird, heißt es: „Heute steigt Gott hernieder zur Erde und der Mensch hinauf zum Himmel …" Zugleich wird die Theosis im Wirken des Heiligen Geistes begründet. Eine in der russisch-orthodoxen Tradition stehende „Andacht zum Heiligen Geist" lädt ein:

„Kommt, ihr Gläubigen, wir wollen die Ausgießung des Heiligen Geistes preisen: Wie Wasser floß er aus Gottes Herzen herab auf die Apostel und die Erde, die er mit Gotteserkenntnis begnadete. Seine lebenspendende Gnade macht uns zu Seinen Kindern. Er heiligt und vergöttlicht, die zu Ihm rufen: Komm, Tröster, Heiliger Geist, und nimm Wohnung in uns …
Ewiger Geist: Du bist das A und O,
der Anfang und das Ende.
In Deiner Kraft schwebtest Du über den Wassern der Urflut,
und aus dem schrecklichen Chaos
schenktest Du allen das Leben in Fülle
durch Deinen lebenspendenden Hauch.

---

[15] J. Panagopoulos, a.a.O. (siehe Anm. 10) 43.

28

Laß leuchten aus dem Unsichtbaren,
dem Tag ohne Ende,
die ursprüngliche Schönheit der Welt.
Wir rufen zu Dir:
Komm — in der kleinsten Blume und in den Sternen des Him-
mels.
Komm — erleuchte das Dunkle meiner Seele.
Komm — mache mich zur neuen Schöpfung in Christus.
Komm — Tröster, Heiliger Geist, und nimm Wohnung in
uns."[16]

Der Begriff „Theosis" ist im Deutschen nur schwer wieder-
zugeben. Keinesfalls ist „Vergöttlichung" in dem Sinne
gemeint, daß etwas zuvor Menschliches nun nachträglich
gleichsam „vergoldet" — „vergöttlicht" wird. Neuerdings
wird gelegentlich mit „Gottwerdung" übersetzt. Gedacht ist
aber natürlich nicht an eine wesensmäßige Gleichstellung mit
Gott oder auch an ein Verschlungenwerden von ihm. Zwischen dem Wesen des unerschaffenen Schöpfers und dem
Geschöpf bleibt auf ewig ein unüberbrückbarer Unterschied.
Aber in der Vergottung wird der Mensch der unerschaffenen
Gnade Gottes teilhaftig, er gewinnt so die „Teilhabe am göttlichen Leben der heiligsten Dreifaltigkeit" (V. Lossky[17]). Die
biblische Begründung dieser Vorstellung kann z. B. an Gal
2,20 anknüpfen: „Ich lebe, doch nun nicht ich, sondern Christus lebt in mir." Theosis kann verstanden werden als „Chri-
stifikation" (N. A. Nissiotis[18]). Christus ist freilich immer in
Gemeinschaft der Trinität aufgefaßt. Auch die Gottwerdung
ist daher „kein individuelles, sondern ein auf Gemeinschaft
bezogenes Ereignis" (G. Mantzaridis[19]). Die Kirche als die
neue Menschheit ist „Gemeinschaft der Gottwerdung" (Gregor Palamas). Schließlich soll die gesamte Welt, der Kosmos,
in die Verklärung einbezogen werden. Die Materie ist gewürdigt, den

---

[16] In: E.-M. Bachmann (Hg.), Machet herrlich sein Lob. Gebete aus
der russisch-orthodoxen Kirche, Neukirchen-Vluyn, 1987, 77f.
[17] Zitiert nach K. Chr. Felmy, a.a.O. (siehe Anm. 12) 142.
[18] Die Theologie der Ostkirche im ökumenischen Dialog. Kirche
und Welt in orthodoxer Sicht, Stuttgart 1968, 50.
[19] G. Galitis, G. Mantzaridis, P. Wiertz, Glauben aus dem Herzen.
Eine Einführung in die Orthodoxie, München 1987, 94.

Menschen Gottes Heil auf vielfältige Weise zu vermitteln. Auch sie hat Teil am göttlichen Heilshandeln, wie sich insbesondere an den eucharistischen Elementen Brot und Wein zeigen läßt. Erst wenn die Materie nicht mehr als vom Menschen auszubeutendes Objekt verstanden wird, sondern als Schöpfung, auf der Gottes Geist ruht, werde die ökologische Krise der Neuzeit sich bewältigen lassen, lautet eine These des griechischen Theologen und Religionsphilosophen Christos Yannaras[20]. „Teilnahme" und „Teilhabe" sind die Schlüsselbegriffe einer auf das Individuum wie die Gemeinschaft, auf die Menschheit wie den Kosmos sich beziehenden Frömmigkeit.

4. Probleme

Obwohl orthodoxe Spiritualität gerade auf westlich geprägte Menschen oft sehr anziehend wirkt, löst sie — sowohl nach außen als auch von innen betrachtet — zugleich Anfragen aus. Da sie ganz auf Integration abhebt, liegen ihre Probleme zunächst im Bereich von *Definition und Differenzierung*. Wenn die „einzige Unterscheidung, die es in der Orthodoxie gibt", diejenige „zwischen dem Unerschaffenen und dem Geschaffenen"[21] ist, können innerhalb des Geschaffenen nur fließende Übergänge existieren. Alles steht in Beziehung zu allem, alles einzelne gewinnt sich selbst gerade durch seine Bezogenheit auf anderes und aufs Ganze. Es ist nicht möglich, bestimmte Phänomene zu isolieren und sie auch nur im Sinne einer Laborsituation hypothetisch präzise einzugrenzen, sie zu „definieren" und dann gegeneinander zu profilieren. Dies macht es beispielsweise bereits schwierig, das Feld der Spiritualität gegen andere Bereiche der Theologie abzuheben; Theologie und Spiritualität gehören für den orthodoxen Christen zusammen; Theologe ist nach einem Wort des Euagrios Pontikos derjenige, der „weiß, wie man beten muß". Aber auch eine Trennung zwischen „Heiligem" und „Profanem", zwischen „Kirche" und „Welt", gibt es bei diesem Ansatz letztlich nicht. Aus westlicher Sicht behindert

---

[20] Vgl. K.Chr. Felmy, a.a.O. (siehe Anm. 12) 124.
[21] G. Galitis, a.a.O. (siehe Anm. 9) 95.

dies die ostkirchliche Spiritualität in mindestens drei Bereichen wesentlich:

Die Orthodoxie kennt bislang keine *reflektiert ausgearbeitete* Ethik, die in konkreten Situationen Kriterien für christliches Handeln böte. Als gut gilt, was im Sinne traditioneller Frömmigkeit als Gott wohlgefällig und von ihm gesegnet verstanden werden darf. In Auseinandersetzung mit offener oder manipulierter Diktatur, oder unter den Herausforderungen moderner wissenschaftlicher Fragestellungen wie Gentechnologie oder Nutzung der Atomkraft, entstehen für die herkömmliche orthodoxe Spiritualität Schwierigkeiten.

Sodann: Ein theologisch gravierenderes Problem liegt freilich in der Frage, ob ein derart integraler Ansatz, wie ihn orthodoxe Theologie und Spiritualität darstellen, überhaupt die Möglichkeit hat, das der Spiritualität *Widersprechende* in den Blick zu bekommen und sich sachgemäß damit auseinanderzusetzen. Der Goldgrund der Gottesbeziehung scheint so umfassend präsent, daß die Wirklichkeit der Sünde nur als „Verdunkelung" oder als „Trübung" zu stehen kommt. Daß ein Mensch, der die Gnade der Vergottung erfährt, doch andererseits, solange er unter den Bedingungen irdischer Existenz lebt, Sünder bleibt und auch fernerhin der Vergebung Gottes bedarf, ist dem orthodoxen Christen kaum vorstellbar. Dies könnte ihn aber blind machen für die Wahrnehmung eigener und fremder Schwächen sowohl im Blick auf den einzelnen Glaubenden als auch im Blick auf die Kirche.

Hier ergibt sich nun noch eine dritte Schwierigkeit: Orthodoxe Spiritualität hat letztlich keine anderen *Kriterien* für die Bewahrung ihrer christlichen Identität als die Tradition. Die Teilhabe an der geheiligten Überlieferung gibt die Kriterien für die Unterscheidung der Geister ab. Für die rechte Interpretation der Tradition aber existiert in Auseinandersetzung mit anderen Interpretationen kein anderes Hilfsmittel als der Verweis auf die Kirchenväter. Daß bei diesen selbst irrige Aussagen vorliegen könnten, ja, daß auch die unterschiedlichen Aussagen der Heiligen Schrift gewichtet werden müssen, empfindet orthodoxe Frömmigkeit nicht als Problem.

5. Entfaltungs- und Integrationsmöglichkeiten

In der orthodoxen Spiritualität ist ein breiter Strom neuplatonischen Denkens gegenwärtig, der ihr Anschlußmöglichkeiten an die westliche Mystik, aber auch an außerchristliche religiöse Erfahrungen eröffnet. Die Beziehung zu Meister Eckhart oder Nikolaus von Kues mag sich durch historische Zusammenhänge nahelegen; man hat aber auch an eine Verbindung zwischen dem Herzensgebet und der Meditationspraxis der Sufis gedacht; seine Beziehung zu asiatischen Meditationspraxen ist wohl noch nicht zureichend erforscht. All dies gibt orthodoxer Spiritualität eine *große ökumenische Offenheit*; sie wirbt nicht für klare Relationsbestimmungen zwischen unterschiedlichen Partnern, sondern für einen „Dialog der Liebe", in den jeder hineingenommen werden kann, auch wenn er theoretisch andere Überzeugungen vertritt. Spirituelle Impulse, die im Westen heute vor allem von der humanistischen Psychologie eingebracht werden, wie „Ganzheitlichkeit", „Interdependenz" oder „personales Wachstum" können von orthodoxer Spiritualität in hervorragender Weise aufgenommen und weitergeführt werden.

II. Römisch-katholische Spiritualität

Römisch-katholische Spiritualität ist in sich vielfältig. In gewissem Sinne könnte man sie ähnlich wie die orthodoxe Frömmigkeit als liturgisch und monastisch charakterisieren. Doch das Moment des geschichtlichen Wandels, einer unterschiedlichen kulturellen Prägung und auch die Einsicht in jeweilige Bedingtheiten und ein damit verbundenes Wissen um die Notwendigkeit der Erneuerung[22] sind hier deutlicher zu beobachten als im Blick auf die Orthodoxie. Daher ist es aber auch schwieriger, die vielfältigen Ausprägungen auf einen gemeinsamen Nenner zu bringen.

---

[22] Vgl. K. Rahner, Elemente der Spiritualität in der Kirche der Zukunft, in: Schriften zur Theologie XIV, Zürich 1980, 368-381.

1. Sakramentale Spiritualität

Römisch-katholische Spiritualität speist sich letztlich aus dem Sakrament. Das „Wort" ist dabei ganz selbstverständlich einbezogen. Auch die „geistliche Lesung" ist ein spiritueller, sakramentaler Vorgang. Was im Wort der Katechese oder der Verkündigung angesagt wird, ergänzt sich im Sakrament zur Fülle des dem gesamten Menschen verheißenen Heils, ja es kommt von dort bereits her. „Die Sakramente sind hingeordnet auf die Heiligung der Menschen, den Aufbau des Leibes Christi und schließlich auf die Gott geschuldete Verehrung"; sie sind eingesetzt, „um das christliche Leben zu nähren" (II. Vatikanum, SC 59). Im Sakrament vermittelt sich der in Jesus Christus Mensch gewordene und im Heiligen Geist Heil wirkende Gott. Hier finden göttliches Handeln und menschliche Antwort zueinander. Hier wird die Befähigung zu einem Leben im Geist und in der Nachfolge gestiftet. Auf diese Weise erfolgt eine „sakramentale Begründung christlicher Existenz" (J. Ratzinger).

Insbesondere gilt dies von der Eucharistie. Ihre liturgische Feier ist „der Höhepunkt, dem das Tun der Kirche zustrebt, und zugleich die Quelle, aus der all ihre Kraft strömt" (SC 10). Ihre Elemente markieren zugleich die Grundform christlicher Existenz: Gemeinschaft, Empfangen und Sich-Hingeben, eschatologische Erwartung. Die übrigen Sakramente finden hier ihre Mitte. Die Taufe (wie die ihr zugeordnete Firmung) holt den Menschen in die Christuswirklichkeit, in den Leib Christi, hinein. Die Buße befreit ihn von der Sünde, die er im Widerspruch zu seinem Getauft-Sein begangen hat. Auch das Ehesakrament dient der Vertiefung christlicher Spiritualität (II. Vatikanum, LG 11, GS 48). Die Krankensalbung erreicht den Gläubigen in einer ganz bestimmten Situation seines spirituellen Wegs. Die heilvollen Auswirkungen aller dieser Sakramente auf den sittlichen Lebensweg der Gläubigen sind umschlossen vom Sakrament des Amts und vom Selbstverständnis der Kirche, die sich selbst als das den Menschen das Heil vermittelnde Sakrament begreift. Das Amt seinerseits begründet und fordert eine eigene priesterliche Spiritualität, die sich mehr im Sein des Ordinierten als in seinen Funktionen äußert. Durch die Weihe ist er auf Lebenszeit dazu befähigt und berufen, in der Einheit von Existenz und

Auftrag für Gott und die Menschen da zu sein.[23] Die Kirche, durch die er sich bevollmächtigt und legitimiert weiß, versteht sich selbst als „Heils-Zeichen und Heils-Werkzeug" des göttlichen Heilswirkens, als seine „realsymbolische Verwirklichungsgestalt" (A. Schilson).

Die sakramentale Konzeption führt im römischen Katholizismus zu einer dreifachen Grundbestimmung von Spiritualität:

1.1 Die „Priorität des Seins vor dem Sollen" (G. Voss) ist dadurch gegeben, daß jeder spirituelle Vollzug in der ontisch verstandenen *gnädigen Zuwendung Gottes* gründet, wenn diese auch sakramental vermittelt und personal angeeignet sein muß. Allem christlichen Leben voraus liegt Gottes prinzipielle Bereitschaft, jeden Menschen, wer und wie er auch sei, anzunehmen. In ihrem Selbstverständnis als „Mutter" verkörpert die Kirche diese Bereitschaft. Das in der Regel tagsüber nicht abgeschlossene Kirchengebäude, in dem jeder Mensch wenigstens äußerlich Ruhe und Geborgenheit finden kann, ist dafür ein sprechendes Symbol. Die Eucharistiefeier in ihrer auch über Jahrhunderte sich kaum verändernden Gestalt gibt dem Ausdruck. Beispielsweise die dem Katholiken eingeschärfte „Sonntagspflicht" läßt freilich erkennen, daß nicht nur das Sein dem Sollen vorausgeht, sondern daß ebenso unerbittlich aus dem Sein ein Sollen folgt.

1.2 Ein *Prozeß der Verwandlung* macht das innere Wesen römisch-katholischer Spiritualität aus: Die ontisch verstandene und sakramental vermittelte Gnade bringt im Gläubigen Veränderungen hervor, die für ihn selbst erfahrbar und bis zu einem gewissen Grade auch für den Außenstehenden wahrnehmbar sind. Die Wandlung, die sich im eucharistischen Geschehen vollzieht, ergreift die Menschen, die daran teilnehmen. In die Transsubstantiation ist — in Gestalt von Brot und Wein — das Reich des Materiellen einbezogen, das nun seinerseits zahlreiche Heilszeichen aus sich entlassen kann: Neben die Sakramente treten die Sakramentalien — Wasser

---

[23] Vgl. G. Greshake, Priestersein. Zur Theologie und Spiritualität des priesterlichen Amtes, Freiburg i.Br. 1982, 89-179.

wird geweiht, Dinge und Menschen werden gesegnet. Das II. Vatikanum formuliert:

> *„Die Wirkung der Liturgie der Sakramente und Sakramentalien ist also diese: Wenn die Gläubigen recht bereitet sind, wird ihnen nahezu jedes Ereignis ihres Lebens geheiligt durch die göttliche Gnade, die ausströmt vom Pascha-Mysterium des Leidens, des Todes und der Auferstehung Christi, aus dem alle Sakramente und Sakramentalien ihre Kraft ableiten. Auch bewirken sie, daß es kaum einen rechten Gebrauch der materiellen Dinge gibt, der nicht auf das Ziel ausgerichtet werden kann, den Menschen zu heiligen und Gott zu loben"* (SC 61).

1.3 Die *Kirchlichkeit* der Spiritualität ist bei alledem als selbstverständlich vorausgesetzt. „Ein Christsein ohne Kirche oder gar gegen sie läßt sich katholisch gar nicht denken" (H. Petri[24]). Christliche Spiritualität im Vollsinn und in der Fülle ihrer Möglichkeiten gibt es nur als römisch-katholische Spiritualität.

2. Die Gestalten römisch-katholischer Spiritualität

Stärker als in der Orthodoxie sind die Ausprägungen von Spiritualität im Katholizismus abhängig von dem jeweiligen „Stand", innerhalb dessen sie praktiziert wird. Gewiß treffen sich alle — Priester, Ordensleute und Laien — in der Feier der Eucharistie. Wie sich das daraus erwachsende Leben im Geist dann aber im einzelnen gestaltet, richtet sich nach den jeweiligen Gegebenheiten. Deswegen spricht man gerade in der römisch-katholischen Kirche gern von einer Vielzahl von „Spiritualitäten". Selbst innerhalb der verschiedenen „Stände" ist die Variationsbreite groß.

2.1 Unterschiedliche Formen der *Verehrung des göttlichen Geheimnisses* begegnen in der individuellen wie in der gemeinschaftlichen Praxis von Frömmigkeit. Sie können auf das Wunder der Transsubstantiation bezogen sein und äußern

---

[24] US 38 (1983) 35.

sich dann in Gestalt einer stillen Verehrung der Gegenwart Christi im Tabernakel, die in einer klösterlichen Gemeinschaft zu einer ununterbrochenen — der sogenannten „ewigen" — Anbetung organisiert sein kann. Oder sie finden ihren Ausdruck in der Fronleichnamsprozession, durch die Christi Gegenwart und Triumph aller Welt bezeugt werden soll, Glaubenden, Andersgläubigen und Nichtglaubenden, dem Reich der Natur und dem säkularen Raum der Städte und Dörfer. Einzelne Christen und ganze Gemeinden unternehmen Wallfahrten zu Stätten, an denen die Gläubigen an göttliche Gnadenerweise durch Andachtsbilder, Quellen oder besondere wunderhafte Ereignisse erinnert werden. Der Rosenkranz hilft dem einzelnen zu Gebet und Meditation, wie er andererseits auch ganze Gruppen von Gläubigen in der abendlichen Kirche versammeln kann. Das Gebet verwirklicht sich als Chorgebet und Psalmengesang der Gemeinschaft oder in der Vielfalt individueller Ausprägungen, wobei oft gebundene, durch Generationen erprobte Texte in Anspruch genommen werden. Da sich das göttliche Geheimnis auf vielfältige Weise manifestiert hat, kann sich seine Verehrung auch an vielem festmachen — an einem Heiligengrab, an einem Madonnenbild oder an dem mystisch erfaßten „Herzen Jesu".

2.2 Das die römisch-katholische Spiritualität prägende *Ethos* hat — gemäß dem Doppelgebot der Liebe — eine doppelte Ausrichtung. Eindrucksvolle Beispiele von Hingabe, ja Selbstaufopferung im Dienst an leidenden Mitmenschen werden gerade in den Orden sichtbar. Besonders seit dem II. Vatikanum ist aber auch den Laien ihre Berufung und ihre Sendung in die Welt deutlicher im Bewußtsein; man lese dazu im Dekret über das Laien-Apostolat nach. Erfahrungen, die in Lateinamerika gemacht wurden, haben sich hier inspirierend ausgewirkt (vgl. unten S. 65ff). Gleichwohl wird der Katholik seine Spiritualität niemals nur als Engagement für die Welt leben.

Er sucht die eigene innere, mystische Beziehung zu Gott. Besondere Formen des spirituellen Trainings helfen ihm, Orientierung zu finden und auf seinem geistlichen Weg voranzukommen. Kirchengebote wie Fastenvorschriften oder die Verpflichtung zur mindestens einmal im Jahr zu vollzie-

henden Beichte und zur Osterkommunion geben dafür den
äußeren Rahmen ab. Ein bewährtes Instrument geistlicher
Übung stellen die ignatianischen Exerzitien dar, die im Lauf
der Zeit mannigfach abgewandelt wurden und in unserem
Jahrhundert eine Erneuerung erfahren haben. Ignatius von
Loyola erläutert:

> *„Erste Anweisung. Unter dem Namen geistliche Übungen
> versteht man jede Art, das Gewissen zu erforschen, sich zu
> besinnen (meditar), zu betrachten (contemplar), mündlich
> und rein geistig (mental) zu beten und andere geistliche Tätig-
> keiten, wie später noch erklärt wird. Denn so wie Spazieren-
> gehen, Marschieren und Laufen körperliche Übungen sind,
> gleicherweise nennt man geistliche Übungen jede Art, die
> Seele vorzubereiten und dazu bereit zu machen (disponer),
> alle ungeordneten Neigungen (affecciones) von sich zu entfer-
> nen, und nachdem sie abgelegt sind, den göttlichen Willen zu
> suchen und zu finden in der Ordnung (disposicion) des eige-
> nen Lebens zum Heil der Seele."* [25]

Einzelne oder Gruppen von Gläubigen lassen sich dazu
einladen, unter Begleitung eines „Exerzitienleiters" eine Zeit
lang (ursprünglich 30 Tage) den eigenen Lebensweg in seinem
Verhältnis zum Weg Jesu durch Tod und Auferstehung zu
bedenken und auf diese Weise zu lebenswichtigen Entscheidungen zu kommen. Das Moment der Ganzheitlichkeit
spielt dabei eine wesentliche Rolle. Aber auch andere Formen
des Übens, der Askese, kommen in Frage: Sie helfen dem
Gläubigen, „wachsend unterzugehen in das instinktive Von-
selbst dessen, was man sich anübt" [26].

2.3 Als Leitlinie römisch-katholischer Spiritualität können die sogen. *„evangelischen Räte"* dienen: Ehelosigkeit,
Gehorsam und Armut. Von Ordensleuten durch Gelübde
übernommen, dienen sie einem prophetisch-eschatologi-
schen Lebensstil. Sie erweisen sich jedoch als anthropolo-

---

[25] In: Ignatius von Loyola, Geistliche Übungen. Übertragung und
Erklärung von A. Haas, Freiburg 1967, 15.
[26] E. Przywara nach F. Heyer u. a., Konfessionskunde, Berlin 1977,
498.

gisch bedingte Elemente christlicher Spiritualität überhaupt: Jeder Mensch muß sich auseinandersetzen mit seiner Sexualität, mit seinem Verhältnis zur Macht und zum Besitz. Die Entscheidung für die Jungfräulichkeit hofft dann auf letzte Erfüllung in der Gottesbeziehung, der Gehorsam auf ein letztes Sich-Ausliefern-Können an Gottes Gebot, die Armut auf eine Geborgenheit und Fülle, wie sie nur Gott selbst ermöglichen und darstellen kann. Daß in diesem Zusammenhang die kirchenrechtlich fixierte lebenslange Verpflichtung ein besonderes spirituelles Problem darstellt, ist allerdings offensichtlich.

2.4 Die *Orden* bieten in ihrer unterschiedlichen Ausprägung eine Vielzahl von Modellen an. Es ist „der Benediktiner nicht ohne das gemeinsame Chorgebet, der Franziskaner nicht ohne eine einfache Lebensform, der Jesuit nicht ohne die Exerzitien, ein Mitglied der geistlichen Familie Charles de Foucaulds nicht ohne ein besonderes Verhältnis zur 'Wüste' denkbar usw." (G. Greshake[27]). Die Unterschiede entstehen, von kontingenten charismatischen Ereignissen abgesehen, dadurch, daß bestimmte spirituelle Elemente anderen vorgezogen werden — aufgrund psychosomatischer oder soziokultureller Vorgegebenheiten oder auch mit spezifisch theologischer Begründung. Das Problem der „hairesis", der Auswahl, und des „Sektenhaften" taucht auf.

2.5 Ein besonderes Charakteristikum römisch-katholischer Spiritualität stellt die *marianische Frömmigkeit* dar. Während die der Theotokos, der „Gottesgebärerin", zukommende Verehrung in den Ostkirchen häufig christologisch-liturgisch abgefangen erscheint, kann sie in der römisch-katholischen Spiritualität ein merkwürdiges Eigenleben entwickeln, das sich in besonderen Andachts- und Devotionsformen zeigt. Neben einer großen Zahl von marianischen Hochfesten, Fest- und Gedenktagen stehen fromme Sitte und Brauchtum: Dreimal täglich betet der praktizierende Katholik den „Engel des Herrn"; das „Ave Maria" gehört zu

---

[27] In: U. Ruh, J. Seeber, R. Walter (Hg.), Handwörterbuch religiöser Gegenwartsfragen, Freiburg i.Br. usw. 1986, 446.

den frühesten Elementen seiner religiösen Sozialisation. Die „Maiandacht" ist, wo sie noch Brauch ist, stark emotional besetzt: „Zu Beginn des Monats Mai, den die Christgläubigen der Gottesmutter Maria seit langem zu weihen pflegen, jubelt unser Herz voll Freude im Gedanken an das bewegende Schauspiel von Glaube und Liebe, das sich bald zur Ehre der Himmelskönigin in der ganzen Welt darbieten wird ..." (Pius VI., Mense maio[28]). Hier eines der Marienlieder aus dem „Gotteslob":

> „Gegrüßet seist du, Königin, o Maria,
> erhabne Frau und Herrscherin, o Maria!
> Freut euch, ihr Kerubim,
> lobsingt ihr Serafim,
> grüßet eure Königin:
> Salve, salve, salve, Regina!
> O Mutter der Barmherzigkeit, —
> du unsres Lebens Süßigkeit ...
> O mächtige Fürsprecherin, —
> bei Gott sei unsre Helferin, —
> Dein mildes Auge zu uns wend, —
> und zeig uns Jesus nach dem End ..."[29]

Vor allem seit dem II. Vatikanischen Konzil versucht man, die Mariologie ekklesiologisch und christologisch einzubinden; mit der Entstehung feministischer Theologie bildet sich allmählich eine neue Profilierung des Marienbildes heraus (vgl. unten S. 79, 82).

Während es heute Katholiken gibt, die gänzlich ohne marianische Frömmigkeit auskommen, und wiederum andere, die sich gerade hier bis an den Rand des kirchlich Erlaubten vorwagen, erscheint unter einer dritten Perspektive die Orientierung an Maria als die Mitte römisch-katholischer Spiritualität. Die Jungfrau Maria, in ihrer bräutlichen und ganzheitlichen Antwort auf das Wort, vermittelt zwi-

---

[28] Zitiert nach W. Beinert (Hg.), Maria heute ehren. Eine theologisch-pastorale Handreichung, Freiburg i.Br. 1977, 254.
[29] In: Gotteslob. Katholisches Gebet- und Gesangbuch, Stuttgart / München 1975, 573.

schen der einzelnen Seele und der Kirche als Gesamtheit, weil sie für beides den gemeinsamen Wurzelgrund darstellt. Marianische Spiritualität ist daher nicht eine unter anderen, sondern „die Relativierung und Liquidation (Verflüssigung) aller Sonderheiten in die eine Spiritualität der Braut-Kirche" (H. U. von Balthasar[30]). Von dieser Spiritualität kann dann gesagt werden, daß Maria sie „als alle Entfaltung vorausnehmende Fülle gelebt hat, aus der jeder Christ empfängt und zu der er auch durch seinen nur von ihm persönlich zu leistenden Dienst, durch seine Spiritualität, beiträgt" (J. Sudbrack[31]). So wird verständlich, daß Maria als dem Symbol einer die Einheit der Kirche gewährleistenden Frömmigkeit ökumenische Bedeutung zugeschrieben wird.

3. Das Ziel römisch-katholischer Spiritualität

Es läßt sich in einer dreifachen Hinsicht bestimmen: im Blick auf den einzelnen Gläubigen, auf die Kirche und auf die „Welt".

3.1 Der *einzelne Glaubende* ist dazu berufen, nach Vollkommenheit zu streben. Durch die Sakramente „zum Heil gerüstet, sind alle Christgläubigen in allen Verhältnissen und in jedem Stand je auf ihrem Wege vom Herrn berufen zu der Vollkommenheit in Heiligkeit, in der der Vater selbst vollkommen ist" (II. Vatikanum, LG 11). Der Priester ist darüber hinaus noch einmal „in besonderer Weise zum Streben nach dieser Vollkommenheit verpflichtet" (II. Vatikanum, PO 12). Der Weg zur Vollkommenheit ist, wie es ein im deutschen Sprachraum heimisch gewordener Begriff artikuliert, ein „heiligmäßiges" Leben. Vorbild dafür sind die Heiligen und Märtyrer, nicht so sehr, wie sie in den Berichten aus der Alten Kirche oder in den mittelalterlichen Legenden geschildert werden, sondern wie sie in der Wirklichkeit unseres Jahrhunderts begegnen: Maximilian Kolbe oder — noch nicht kanonisiert — Oscar Romero. Der praktizierende katholische

---

[30] GuL 31 (1958) 346.
[31] GuL 39 (1966) 42.

Christ will ein Heiliger werden. Insofern gibt es für ihn nur *ein* Unglück — nämlich „kein Heiliger zu sein" (Léon Bloy). In der Berufung zur Heiligkeit findet er seine Identität. Er orientiert sich an den Heiligen, die ihn inspirieren, an Franz von Assisi oder an Benedikt von Nursia, der — nach dem Zeugnis Gregors des Großen — „unter den Augen des allsehenden Gottes bei sich wohnte."[32]

3.2 Das Ziel auf dem Weg zur Vollkommenheit kann aber nach römisch-katholischem Verständnis nicht zureichend im Blick auf das Individuum bestimmt werden. Alle Heiligkeit des einzelnen lebt von der *Heiligkeit der Kirche* und dient zugleich der Sendung der Kirche, die diese zum Heil aller Menschen vollzieht. Ziel römisch-katholisch verstandener Spiritualität ist daher nicht nur die Vervollkommnung des einzelnen, sondern Stärkung und Bereicherung der Gemeinschaft.

3.3 Schließlich bezieht sich Spiritualität nach katholischem Verständnis auf die „*Welt*": Es gilt ja, dem Nächsten zu dienen und die Verhältnisse im Sinne der Gebote Gottes bzw. der Einsicht der Kirche zu erneuern und zu gestalten. Daher sind insbesondere die Laien darum bemüht, ihr soziales Umfeld geistlich zu durchformen und zu durchdringen. Gottes Ehre, wie sie sich in der Heiligung des einzelnen Glaubenden, der Kirche und schließlich der ganzen Menschheit verwirklicht, ist die letzte Zielperspektive römisch-katholisch verstandener Spiritualität. In einem Text des II. Vatikanums heißt es:

„Sache der Laien ist es, kraft der ihnen eigenen Berufung in der Verwaltung und gottgemäßen Regelung der zeitlichen Dinge das Reich Gottes zu suchen. Sie leben in der Welt, das heißt in all den einzelnen irdischen Aufgaben und Werken und den normalen Verhältnissen des Familien- und Gesellschaftslebens, aus denen ihre Existenz gleichsam zusammengewoben ist. Dort sind sie von Gott gerufen, ihre eigentümliche Aufgabe, vom Geist des Evangeliums geleitet, auszuüben und so wie ein Sauerteig zur Heiligung der Welt gewisserma-

---

[32] Zitiert nach US 33 (1978) 203.

ßen von innen her beizutragen und vor allem durch das Zeug-
nis ihres Lebens, im Glanz von Glaube, Hoffnung und Liebe
Christus den anderen kund zu machen. Ihre Aufgabe ist es
also in besonderer Weise, alle zeitlichen Dinge, mit denen sie
eng verbunden sind, so zu durchleuchten und zu ordnen, daß
sie immer Christus entsprechend geschehen und sich entwik-
keln und zum Lob des Schöpfers und Erlösers gereichen"
(LG 31).

4. Probleme

4.1 Die schon im Blick auf die orthodoxe Spiritualität
beobachtete Schwierigkeit, eine *Norm und klare Kriterien* zu
finden, wiederholt sich hinsichtlich des Katholizismus auf
eine zugespitzte Weise. Angesichts der in ihm begegnenden
großen Bandbreite von unterschiedlichen Spiritualitäten legt
sich die Frage nahe, was denn noch als legitime Konsequenz
des Evangeliums verstanden werden kann und was nicht
mehr. Warum wurde Franz von Assisi zum Heiligen erho-
ben, die Armuts-Bewegung des Petrus Valdes aber zur Häresie erklärt? Mit welcher Begründung wird gegen die Spiritualität der Befreiungstheologie (vgl. unten S. 65ff) eine Strategie
der Abgrenzung versucht, gegenüber üppig blühender Volksreligiosität aber großzügig Toleranz geübt? Offenbar gehört
einerseits die Unschärfe der Abgrenzung, andererseits die
allergische Reaktion zum Erscheinungsbild einer Theologie,
die sich in mancher Hinsicht nur partiell auf Spiritualität einlassen kann.

4.2 Ein weiteres, damit freilich zusammenhängendes
Spannungsfeld stellt das *Verhältnis zwischen Kirchenrecht*
und Charisma dar. Charismatiker haben es in allen Kirchen,
aber eben auch in der römisch-katholischen, nicht leicht. Kirchenrechtliche Bestimmungen sollen den Frei- und Übungs-
raum spiritueller Praxis absichern, sollen der gelebten Frömmigkeit durch ihren Zwangscharakter dienlich sein, verhindern oder belasten aber doch auch notwendige Veränderungen oder unerwartete Neuaufbrüche. Die nicht endende Zöli-
bats-Diskussion gibt davon ein beredtes Zeugnis. Wenn G.
Voss die im Katholizismus gelegentlich begegnende „dop-

pelte Moral" — Entschiedenheit im Grundsätzlichen, Lax-
heit in der Durchführung — als Ausdruck eschatologischer
Spannung beschreibt[33], so scheint mir dies eine zwar interes-
sante, aber doch problematische Interpretation: Es könnte
sich auch schlicht um eine menschliche Notlösung handeln,
die auf die Dringlichkeit theologischer Klärung verweist.

4.3 Psychologen haben auf die „Destruktivität der Ideale"
(W. Schmidbauer) aufmerksam gemacht. Die römisch-katholische Spiritualität orientiert sich ohne Zweifel an höchsten
Idealen, die aber — sowohl im individuellen als auch im
gesellschaftlichen Bereich — unter Umständen kontraproduktiv wirken. Auf die psychischen Belastungen, die von den
evangelischen Räten oder vom Ideal des heiligmäßigen
Lebens ausgehen können, wurde wiederholt hingewiesen.
Der gesellschaftliche Einfluß, den die römisch-katholische
Kirche im Interesse der Durchsetzung ihrer spirituellen Ziele
ausübt, konnte mitunter totalitäre Züge annehmen. Daß
gegen Empfängnisverhütung und Geburtenkontrolle mit den
heute zur Verfügung stehenden Mitteln seit Jahren weltweit
eine Kampagne geführt wird, wird von vielen katholischen
und nichtkatholischen Beobachtern als Ausfluß einer über-
holten und verfehlten Spiritualität gesehen, die dem inten-
dierten Ziel mehr schadet als nützt.

5. Entfaltungs- und Integrationsmöglichkeiten

Römisch-katholische Spiritualität lebt von einer großen
Fähigkeit, *anthropologische Grunddaten* zu erfassen und religiöse Impulse aus anderen Religionen schöpferisch aufzunehmen. Schon die Geschichte der Alten Kirche bietet dafür
Beispiele. Hinter dem Kult der Heiligen wird die Verehrung
der Ahnen und der Heroen erkennbar, das Bild der Gottesmutter Maria schob sich über das der antiken Göttin, manchmal so direkt, wie es an der Namensgebung der römischen
Kirche „Santa Maria sopra Minerva" greifbar wird. Man
kann kaum eine einzelne religiöse oder philosophische Strö-

---

[33] US 33 (1978) 209.

mung benennen, die der Katholizismus primär beerbt hätte
(wie man das etwa im Blick auf die Orthodoxie vom Neupla-
tonismus sagen kann). Katholische Spiritualität speist sich
aus unzähligen Quellen. H. U. von Balthasar versucht auf-
zuzeigen, wie platonischer Eros, aristotelische Tathaltung
und stoische Apathie im Christentum katholischer Prägung
zueinander finden: Sie „gehen innerlich auf in der Liebeshal-
tung Jesu im Heiligen Geist zum Vater"[34]. Es ist durchaus
offen, inwieweit diese Kraft der Integration und des synkreti-
stischen Wagnisses auch im Blick auf die moderne Welt, beispielsweise auch auf marxistische Impulse, erhalten geblieben
ist, ob sie ökumenisch fruchtbar werden oder doch an einer
restriktiven Interpretation des Selbstverständnisses der Kirche eine vorläufige Grenze haben wird.

III. Evangelische Spiritualität

Nicht in der Reformation, sondern im französischen
Katholizismus ist der Begriff „Spiritualität" ursprünglich zu
Hause (vgl. oben S. 10, 14f). Dem evangelischen Selbstverständnis entspricht eher der Ausdruck „Frömmigkeit",
sofern diese als Reaktion auf Gottes Heilshandeln in Jesus
Christus aufgefaßt wird. Evangelische Spiritualität umfaßt
eine große Bandbreite — vom hochkirchlichen Flügel der
Anglikanischen Gemeinschaft bis hin zu den aus der Reformation erwachsenen Freikirchen und den heute sich zu Wort
meldenden evangelikalen Gruppen. Trotz dieser Vielfalt und
trotz unterschiedlicher Akzentuierungen im einzelnen gibt
es eine gemeinsame Mitte, aus der alle evangelische Spiritualität erwächst: Gottes Wort.

---

[34] Das Evangelium als Norm und Kritik aller Spiritualität in der Kirche, in: Conc 1 (1965) 715-722 (Zitat: 722).

1. Spiritualität aus dem Wort

Evangelische Spiritualität erwächst aus der Verkündigung des Wortes Gottes. Auch das Sakrament wird in diesem Zusammenhang als Mittel der Verkündigung verstanden. Damit Menschen zum Glauben kommen, ist das Amt der Verkündigung und der Darreichung der Sakramente von Gott eingesetzt: Wort und Sakrament dienen als Hilfsmittel, Medien, „Instrumente", durch die der Heilige Geist in die Wirklichkeit der Menschen einbricht. Der Passus, in dem dies ausgeführt wird, ist der eigentlich pneumatologische Artikel der Confessio Augustana (CA V). Hier wurzelt reformatorisch verstandene Spiritualität, die sich als „neuer Gehorsam" realisiert (CA VI). Die Voraussetzung dafür, daß dieser neue Gehorsam — die evangelisch verstandene „Spiritualität" — entstehen kann, ist eine dreifache: die Urbeziehung von Wort und Glaube, die Dynamik von Gesetz und Evangelium und die Verkündigung durch das gegenseitige Zeugnis der Glaubenden bzw. durch das Amt.

1.1 *Wort und Glaube* sind nach Auffassung der Reformatoren in einem grundsätzlichen Sinne aufeinander bezogen. Wo die Stimme des guten Hirten gehört wird, da ist er nahe. Im Wort, das den Glauben schafft, vergegenwärtigt sich Gott selbst. Wenn die Seele das Wort hat, bedarf sie „keines anderen Dings mehr, sondern sie hat in dem Wort Genüge, Speise, Freude, Frieden, Licht, Kunst, Gerechtigkeit, Weisheit, Freiheit und alles Gut überschwenglich" (M. Luther, WA 7,22, 9ff). Der Glaube aber, der aus dem Wort erwächst, ist „ein göttlich Ding in uns, das uns wandelt und neu gebiert aus Gott . . . und tötet den alten Adam . . . und bringt den heiligen Geist mit sich. O es ist ein lebendig, geschäftig, tätig, mächtig Ding um den Glauben, daß es unmöglich ist, daß er nicht ohne Unterlaß sollte Gutes wirken" (WA DB 7,10,6ff). Am Beispiel vom guten Baum, der ganz von selbst gute Früchte bringt, hat Luther dies immer wieder zu verdeutlichen versucht. Die reformierte Tradition kennzeichnet die Existenzweise des Christenmenschen als ein Leben in „Dankbarkeit" (Heidelberger Katechismus).

1.2 Die *Dynamik von Gesetz und Evangelium* macht das Wesen der Verkündigung insbesondere nach lutherischer

Auffassung aus. Das Wort Gottes ergeht als Gesetz, das den Menschen auf sein spirituelles Unvermögen aufmerksam macht: Egozentrisch in sich selbst verkrümmt, zeigt er sich von sich aus als unfähig, ein Leben im Geist Gottes zu führen, oder auch als merkwürdig erfinderisch im Erdenken von „Spiritualitäten", die mit dem Willen Gottes gar nichts zu tun haben. Das Evangelium vermittelt ihm, daß er trotz seiner teils defizitären, teils verqueren Versuche, fromm zu sein, von Gott geliebt und angenommen ist. Dadurch wird ein lebendiger Glaube hervorgerufen, der sich im Vertrauen zu Gott und in der Liebe zu den Mitmenschen verwirklicht. Doch ein Mensch, der eben unter den Bedingungen irdischer Existenz lebt, wird samt seiner Liebe und seinem Vertrauen durch die Unbedingtheit des Anspruchs Gottes immer wieder auch in Frage gestellt — und gerade dadurch an das ihn tragende und bergende Evangelium erinnert, ja dem Evangelium in die Arme getrieben. Er ist gerecht und zugleich Sünder, doch so, daß er unter der Predigt von Gesetz und Evangelium in einen Prozeß der Heiligung hineingerät, der in einem Leben vor Gott „in ewiger Gerechtigkeit, Unschuld und Seligkeit" (M. Luther, Kleiner Katechismus) sein Ziel findet. Insofern ist das Voranschreiten der Heiligung einerseits ein immer neues Zurückgeworfenwerden auf den Anfang, den Gott allein gewähren kann, andererseits ein Prozeß, gleichsam Dämmerung — nicht vom Abend zur Nacht, sondern von der Nacht zum Morgen.

Die Verkündigung will von dem einzelnen Menschen, den Gott durch sie gewinnen möchte, angenommen und erfaßt sein; sie gilt ja ihm persönlich und ist existentiell auf ihn bezogen. Sie wendet sich an das Gewissen des einzelnen, der sich hier durch niemanden und nichts vertreten lassen kann. Im Rückgriff auf die Zusage, die ihm in der Taufe zuteil geworden ist, und im je und je wiederholten Gang zum Abendmahl, bei dem ihm diese Botschaft bis in seine körperliche Existenz hinein nahekommt, erfaßt sich der Glaubende zugleich als Glied der Gemeinschaft all derer, die aus derselben Zusage der göttlichen Gnade leben, die mit ihm das Reich Gottes erwarten und dafür kämpfen.

1.3 Die *Verkündigung* erstreckt sich natürlich nicht nur auf die gottesdienstliche Predigt oder die institutionalisierte kirchliche Unterweisung. Jeder Glaubende ist ja direkt von Gott angesprochen und in eigener Person dazu befähigt, Gottes Wort zu bezeugen und weiterzusagen. Grundsätzlich bedarf es keiner kirchlich legitimierten Zwischeninstanzen. Diese sind vielmehr eine Frage der kirchlichen Ordnung. Das allgemeine Priestertum gilt jedem Glaubenden, und es vollzieht sich in einer allgemeinen Gegenseitigkeit, in der zugleich die Gemeinsamkeit des Auftrags deutlich wird. Einer darf dem anderen in Trost und Zuspruch gleichsam „Christus werden" (M. Luther, WA 7,35). Einer fordert aber auch den anderen durch sein prophetisches Urteil heraus. Dieser Ansatz wurde in den verschiedenen aus der Reformation erwachsenen Kirchen unterschiedlich aufgenommen und in Methodismus, Baptismus und Kongregationalismus teilweise besser verwirklicht als bei Lutheranern und Reformierten.

1.4 Evangelische Frömmigkeit bzw. Spiritualität ist dem Begriff nach eine problematische und der Sache nach eine abgeleitete und nachgeordnete Größe. Sind Protestanten weniger „fromm" als römisch-katholische oder orthodoxe Christen? Sie stehen ihrer Frömmigkeit jedenfalls kritischer und skeptischer gegenüber, oder sie interessieren sich gar nicht groß für sie. Luther definiert den Christen nicht als „frommen" Menschen, sondern vom Glauben und von der Liebe her. Am Ende seiner Schrift „Von der Freiheit eines Christenmenschen" führt er aus:

> „... Aus dem allen ergibt sich die Folgerung, daß ein Christenmensch nicht in sich selbst lebt, sondern in Christus und in seinem Nächsten; in Christus durch den Glauben, im Nächsten durch die Liebe. Durch den Glauben fährt er über sich in Gott, aus Gott fährt er wieder unter sich durch die Liebe und bleibt doch immer in Gott und göttlicher Liebe ..." (WA 7,38).

Den frommen, spirituellen Menschen als solchen gibt es sozusagen gar nicht! Ein Drittes neben Glauben und Liebe wird vom Evangelium nicht als Modell angeboten. „Fasten und leiblich sich bereiten" mag eine „feine äußerliche Zucht" sein (M. Luther, Kleiner Katechismus), aber Glaube und Liebe sind allemal mehr als asketische Übung und werden sich niemals von ihr einholen lassen. Im 20. Jahrhundert haben Karl Barths Kritik von Religion und Religiosität und Dietrich Bonhoeffers Postulat eines „religionslosen Christentums" diese Linie auf ihre Weise fortgeführt und verstärkt. Der Protestantismus kann sich der Ökumene wohl auch deswegen so schwer vermitteln, weil er zwischen kultisch geprägter Religiosität und weltzugewandter Säkularität einen „dritten Weg" darstellt. Doch trotz dieser theologischen Vorbehalte drängte auch evangelisches Christentum auf Gestaltung von „Spiritualität".

2. Gestaltungen evangelischer Frömmigkeit

Der Reformation hatte an den Quellen aller Spiritualität, nicht aber an der Herausarbeitung prinzipiell gültiger Modelle gelegen. Daraus ergab sich, daß die Ausformungen christlicher Existenz und kirchlicher Ordnung sehr unterschiedlich ausfallen konnten und sich notwendig mit dem Lauf der Zeiten veränderten. Das Gesetz des Pendelschlags sowie die Probleme von Anpassung und Widerstand spielten dabei zweifellos eine ambivalente Rolle. Auch die Tatsache, daß sich evangelische Frömmigkeit heute in einer Vielzahl denominationeller Spiritualitäten präsentiert, hat hier eine ihrer wesentlichen Wurzeln. Auf der Suche nach einer dem Evangelium wahrhaft entsprechenden Spiritualität, die eben, wenn möglich, noch sachgemäßer sein sollte als alle bisherigen Realisationen, kam und kommt es zu Neugründungen von Konfessionen und Denominationen. Was unter einer an Uniformität und an Macht-Gesichtspunkten orientierten Perspektive als Spaltungsprozeß und desolater Pluralismus erscheint, muß auch als authentischer Ausdruck evangelischer Frömmigkeit verstanden werden. In gewisser Weise kann man sagen: Jeder gute Protestant fragt sich mindestens einmal in seinem Leben, ob er nicht seine bisherige Kirche verlassen und eine neue gründen müßte. Der Vielfalt der Ordens-Spiritualitäten im römischen Katholizismus entspricht im Protestantismus der Reichtum der Denominations-Spiritualitäten. Neben der an den Kirchenvätern und einer hochkirchlichen Liturgie ausgerichteten anglikanischen Spiritualität steht die in politischer Verwirklichung enga-

gierte calvinistisch geprägte oder die auf Spontaneität setzende Spiritualität der Freikirchen[35]. Worin liegen die
gemeinsamen Grundzüge?

2.1 Eine *Kultur des* gehörten und gesprochenen, des gelesenen und geschriebenen, ja auch des gedachten und des im
Schweigen anwesenden *Wortes* prägt evangelische Frömmigkeit quer durch alle Denominationen, vom Luthertum bis zu
den Quäkern. Die Übersetzungen der Heiligen Schrift in die
verschiedenen Landessprachen spielt dabei eine wichtige
Rolle, aber auch das theologische Nachdenken gerät so auf
die Ebene der Frömmigkeit. Von Johann Arndts „Vier
Büchern vom wahren Christentum" (1610) bis zu den Publikationen von Jörg Zink in unserem Jahrhundert hat sich eine
reiche Erbauungsliteratur entfaltet. Das gesungene und vertonte Wort gewann eine besondere Bedeutung — in Gestalt
der Psalmlieder in der Genfer Reformation, im lutherischen
Choral, in den kirchenmusikalischen Schöpfungen Johann
Sebastian Bachs, aber auch in den Erweckungsliedern, in Spirituals und Gospel-Songs. Auch die ökumenische Gemeinschaft von Taizé wirkt stark über ihr Liedgut.

2.2 Der Umgang mit dem *Wort Gottes im Gottesdienst
und im Alltag* kennt im Protestantismus viele und ständig
sich erneuernde Formen, von der lutherischen Deutschen
Messe bis zur Zeltmission, von der wissenschaftlichen
Exegese über die persönliche Meditation bis zu neuen

---

[35] Zu den verschiedenen Typen evangelischer Spiritualität vgl.:
A. Aarflott, Typen lutherischer Frömmigkeit, in: V. Vajta, Die Evangelisch-Lutherische Kirche. Vergangenheit und Gegenwart (KW
XV) ²1983, 183-201; W. J. Wolf (Hg.), The Spirit of Anglicanism,
1982; M. Ramsey, Anbetung Gottes und Dienst an der Welt. Ein
Zeugnis anglikanischer Spiritualität, in: US 27 (1972) 66-69; H. Lukkey, Die Spiritualität der evangelischen freikirchlichen Gemeinden
in Deutschland, in: ebd., 70-78; H.-M. Barth, Protestantismus als
Lebensstil. Anmerkungen zur reformatorischen Spiritualität, in: US
38 (1983) 23-32; H.-J. Thilo, Frömmigkeit. Aus dem Reichtum der
Traditionen schöpfen, München 1991; Evangelische Spiritualität.
Überlegungen und Anstöße zur Neuorientierung. Hg. von der Kirchenkanzlei im Auftrage des Rates der EKD, Gütersloh ²1980;
Christsein gestalten. Eine Studie zum Weg der Kirche. Hg. vom Kirchenamt im Auftrag des Rates der EKD, Gütersloh ²1986.

Erschließungsvorgängen wie dem Bibliodrama. Besonders charakteristisch ist dabei die Funktion einzelner „Sprüche": Tauf-, Konfirmations- oder Trauspruch geben für einen praktizierenden Protestanten oft etwas wie ein Lebensmotto, eine Grundperspektive der eigenen Existenz ab. Wochenspruch, Monatsspruch und Jahreslosung können ihn begleiten. Die Herrnhuter Losungen, die für jeden Tag des Jahres einen alt- und einen neutestamentlichen Text bieten und in vielen Sprachen für jedes Jahr neu zusammengestellt werden, dienen vielen evangelischen Christen als geistliche Nahrung auf dem Weg durch den Alltag. Die gottesdienstliche Predigt hat in den verschiedenen Denominationen eine unterschiedliche Stellung — eher isoliert und monopolisiert bei den Kirchen der Schweizer Reformation und in den Freikirchen, stärker liturgisch eingebunden und dem Sakrament zugeordnet bei den Anglikanern und Lutheranern. Unter Berufung auf das II. Dekalog-Gebot wird das Bild bei den Reformierten ausgeschlossen, während es in der lutherischen Reformation mindestens in der katechetischen Unterweisung als Ausdrucksmittel des Wortes eine wichtige Rolle spielt.

2.3 Protestantischer *Lebensstil* ist stark *individuell* bestimmt. Dies entspricht einerseits der personal-existenziell zugespitzten Botschaft von der Rechtfertigung, wird aber dem von den Reformatoren durchaus betonten Gemeinschaftsaspekt der Kirche oft nicht gerecht. Die Offenheit evangelischer Frömmigkeit gegenüber jeweils von der Gesellschaft angebotenen oder geforderten Sozialisationsweisen hat hier eine ambivalente Funktion ausgeübt. Luthers Ideal der Haus- und Familiengemeinde, in der ein Hausvater die einzelnen Stücke des Katechismus „seinem Gesinde einfältiglich vorhalten soll", war deutlich von der Gesellschaft seiner Zeit abhängig. Der Pietismus hat das Modell des „collegium pietatis" beigesteuert, das in Erweckungs-, Erbauungs- und Bibelstunden bis in die Neuzeit hinein seine Fortsetzung gefunden hat. Der sonntägliche Gottesdienst erscheint unter diesen Umständen, wie es denn heute auch faktisch der Fall ist, nur als eine Gesellungsform der christlichen Gemeinde unter anderen — neben Hauskreisen und Aktionsgruppen, Mahnwachen, Retraites, Akademietagungen oder Kirchentagen.

2.4 *Freiheit und Dienst* sind die Koordinaten eines protestantischen Ethos, das sich in der Verantwortung für den Mitmenschen bzw. die Gesellschaft verwirklicht. Das „eigentliche" christliche Leben vollzieht sich nicht vorrangig im gottesdienstlich-meditativen Bereich, so sehr auch dieser konstitutiv hinzugehört, oder unter monastischen Leitbildern, so hilfreich auch diese sein mögen, sondern genauso gut im Alltag und an dem Platz, an den der Glaubende gestellt ist. Predigtamt, Ehe und Familie, politische Welt — das sind „die heiligen Orden und rechten Stifte, die von Gott eingesetzt sind" (M. Luther, WA 26,504). In dem „Beruf", in dem sich die Glaubenden befinden, und wäre es nur der einer Bauernmagd, entsprechen sie der ihnen von Gott verliehenen „Berufung". Die Frömmigkeit besteht hier gerade nicht in der Verfolgung verborgener christlicher oder gar kirchlicher Ziele, sondern in „Sachlichkeit" (D. von Oppen[36]).

Daß in der calvinistischen Tradition durch die Zusammenblendung von Prädestinations- und Erfolgsdenken eine spezifische Einschätzung beruflicher Selbstverwirklichung entstanden ist, stellt ein eigenes Problem dar.[37] Auch in der Beurteilung des politischen Auftrags unterscheiden sich lutherische und calvinistische Tradition: Während die Confessio Augustana empfiehlt, christliche Verantwortung innerhalb vorgegebener Strukturen zu übernehmen und „Liebe zu üben" (CA XVI), geht es Calvin stärker um die Herstellung von Verhältnissen, die dem Reich Gottes entsprechen.

3. Die Zielperspektive evangelischer Frömmigkeit: Gott Gott sein lassen

Durch Frömmigkeit kann nach evangelischer Auffassung nichts „erreicht" werden — weder im Sinne einer Disposition für Gottes Gnade noch im Blick auf einen von Gott zu übernehmenden Auftrag. „Gottes Reich kommt auch ohne unser

---

[36] Der sachliche Mensch. Frömmigkeit am Ende des 20. Jahrhunderts, Stuttgart 1968.
[37] M. Weber, Die protestantische Ethik I, Gütersloh [5]1979, 39ff, 344ff; II, Gütersloh [3]1978, 57-379.

Gebet von selbst; aber wir bitten in diesem Gebet, daß es auch zu uns komme" — so legt Luther die II. Vaterunser-Bitte aus. Auf die sich anschließende Frage, wie das denn vor sich gehe, antwortet er: „Wenn der himmlische Vater uns seinen Heiligen Geist gibt, daß wir seinem heiligen Wort durch seine Gnade glauben und göttlich leben, hier zeitlich und dort ewiglich." Durch die Gewißheit um Gottes unverdiente Gnade findet der evangelische Christ Trost und Zuversicht in seinem Alltag. Schöpfung und Geschichte weiß er in Gottes Hand: „Gott sitzt im Regimente / und führet alles wohl" (Paul Gerhardt; EKG 294,7). Evangelische Frömmigkeit hat keinen „Zweck", sondern ist ihrerseits Geschenk, Resultat göttlichen Handelns. Diesem gilt es, sich ein- und unterzuordnen. Dietrich Bonhoeffer hat diese Linie aufgenommen, wenn er als Ziel für sein eigenes Leben formuliert, er wolle nicht „ein Heiliger werden", sondern „glauben lernen". Er schreibt:

„Ich erinnere mich eines Gespräches, das ich vor 13 Jahren in A. mit einem französischen jungen Pfarrer hatte. Wir hatten uns ganz einfach die Frage gestellt, was wir mit unserem Leben eigentlich wollten. Da sagte er: ich möchte ein Heiliger werden (— und ich halte für möglich, daß er es geworden ist —); das beeindruckte mich damals sehr. Trotzdem widersprach ich ihm und sagte ungefähr: ich möchte glauben lernen. Lange Zeit habe ich die Tiefe dieses Gegensatzes nicht verstanden ... Später erfuhr ich und ich erfahre es bis zur Stunde, daß man erst in der vollen Diesseitigkeit des Lebens glauben lernt. Wenn man völlig darauf verzichtet hat, aus sich selbst etwas zu machen — sei es einen Heiligen oder einen bekehrten Sünder oder einen Kirchenmann (eine sogenannte priesterliche Gestalt!), einen Gerechten oder Ungerechten, einen Kranken oder einen Gesunden — und dies nenne ich Diesseitigkeit, nämlich in der Fülle der Aufgaben, Fragen, Erfolge und Mißerfolge, Erfahrungen und Ratlosigkeiten leben, — dann wirft man sich Gott ganz in die Arme, dann nimmt man nicht mehr die eigenen Leiden, sondern das Leiden Gottes in der Welt ernst, dann wacht man mit Christus in Gethsemane ...“[38]

---

[38] D. Bonhoeffer, Widerstand und Ergebung, Briefe und Aufzeichnungen aus der Haft, München [10]1961, 248.

Glaube läßt sich nach evangelischer Auffassung vor allem in drei Bereichen „erlernen":

3.1 Das *Leiden*, das einem auferlegt wird oder das sich als Konsequenz der Glaubensentscheidung einstellt, kann einen in Zweifel an Gottes Gerechtigkeit und Liebe, ja an seiner Existenz führen. Evangelischer Glaube verklärt das Leiden nicht, sondern dringt durch die Herausforderungen der Theodizeefrage zu dem himmlischen Vater hindurch, der „auch seinen eigenen Sohn nicht verschont hat" (Röm 8,32) und folglich den Glaubenden nicht übel wollen wird. Evangelischer Glaube scheut aber auch das Leiden nicht. Gott selbst leidet: „Christen stehen bei Gott in seinem Leiden", das unterscheidet — nach Bonhoeffer — „Christen von Heiden"[39].

3.2 Die Sünde und die mit ihr sich verbindende Anfechtung stellt für den Glaubenden die stärkste Herausforderung dar. Seine Erfahrung, daß er angesichts des Anspruchs Gottes so, wie er ist, nicht bestehen kann, führt ihn immer neu in die Buße: „Da unser Herr und Meister Jesus Christus spricht: ‚Tut Buße' usw. (Matth. 4,17), hat er gewollt, daß das ganze Leben der Gläubigen Buße sei", lautet die erste von Luthers 95 Thesen (WA 1,233). Die Buße wird unter dem *Zuspruch der Vergebung* zum Ort der „getrosten Verzweiflung". Erst mit Pietismus und Erweckungsbewegung und in den davon besonders geprägten Kirchen wird die Buße, in Verlängerung spätmittelalterlicher Praxen von Selbstanklage und -kasteiung zu jener Stimmung, die in der Gegenwart den Vorwurf der ekklesiogenen Neurose hervorgerufen hat. In der genuin reformatorisch geprägten Frömmigkeit führt die Buße den Glaubenden in die Freude darüber und in die Dankbarkeit dafür, daß er, der sich aus seinem sündigen Wesen nicht erlösen kann, von Gott angenommen ist und des ewigen Heils gewiß sein darf. Diese Gewißheit nimmt ihm die Angst davor, durch konkrete Entscheidungen erneut Sünde auf sich zu laden.

---

[39] Ebd., 246f.

„Sündige tapfer, aber noch tapferer vertraue und freu' dich in Christus" — diese Aufforderung Luthers an den ängstlichen Melanchthon ist eine Spitzenaussage reformatorischer Spiritualität:

> „... predige nicht eine eingebildete, sondern eine wahre Gnade; wenn es wirkliche Gnade ist, dann sollst du auch wirkliche, nicht eingebildete Sünde tragen. Gott macht nicht Menschen selig, die nur eingebildeterweise Sünder sind. Du sollst ein Sünder sein und sündige tapfer, aber tapferer glaube und freue dich in Christus, der der Sieger über Sünde, Tod und Welt ist. Es muß gesündigt werden, solange wir hier sind; dieses Leben ist nicht eine Wohnung der Gerechtigkeit, sondern wir erwarten, sagt Petrus, einen neuen Himmel und eine neue Erde, in welchen Gerechtigkeit wohnt. Es genügt, daß wir durch den Reichtum der Ehre Gottes das Lamm (an)erkannt haben, das der Welt Sünde trägt; von ihm wird uns die Sünde nicht losreißen ..." (WA Br 2,372, übersetzt).

3.3 Das *Erste Dekalog-Gebot* faßt die Zielperspektive reformatorischer Spiritualität zusammen: „Wir sollen Gott über alle Dinge fürchten, lieben und vertrauen" (Luthers Auslegung im Kleinen Katechismus). In Calvins Genfer Katechismus heißt es, wir Menschen seien alle dazu geschaffen, „die Herrlichkeit unseres Schöpfers zu erkennen und, indem wir sie erkennen, ihn über alles zu verehren und in aller Furcht, Liebe und Ehrerbietung anzubeten." Diese Grundüberzeugung setzt sich fort in dem „soli Deo gloria", das Johann Sebastian Bach unter seine Kompositionen setzt, in der Radikalität, mit der Karl Barth gegen alle Beeinträchtigung der Ehre Gottes kämpft, und in der Ehrlichkeit, mit der Dietrich Bonhoeffer in seinen Briefen aus der Haft danach fragt, wie Christus „nicht mehr Gegenstand der Religion, sondern etwas ganz anderes, wirklich Herr der Welt" sein wird.[40] Gott gewinnt seine Ehre nicht dadurch, daß Menschen sich religiös verhalten; die Glanzleistungen seiner Gläubigen machen ihm nicht weniger zu schaffen als ihr Versagen. Gottes Ehre verwirklicht sich vielmehr darin, daß er souverän seinen Willen durchführt, auch wenn Menschen

---

[40] Ebd., 180.

dies vielleicht nicht nachvollziehen oder gut finden können, und daß er ihnen in bedingungsloser Vergebung schöpferisch neues Leben zuspricht, „hier zeitlich und dort ewiglich."

4. Probleme

4.1 Die Frage nach den *Kriterien,* die sich als nicht überzeugend bewältigtes Problemgebiet innerhalb der orthodoxen und der römisch-katholischen Spiritualität gezeigt hat (vgl. oben S. 31, 42), ist auch für die Kirchen der Reformation keineswegs gelöst, ja infolge der großen Freiheit im Bereich der äußeren Lebensgestaltung in gewisser Weise sogar verschärft. Welche Folgen hat der radikale Ansatz im Glauben und in der Liebe nun konkret für die Gestaltung des persönlichen Lebens, für die Ordnung der Gemeinde, für die Verantwortung des politischen Lebens? Die Antwort wurde und wird immer wieder gesucht einerseits im Rückgriff auf das biblische Zeugnis, andererseits im Austausch über dessen Verständnis zwischen den Glaubenden bzw. ihren Gruppierungen untereinander, also in einem konziliaren Prozeß. Dieser Prozeß als solcher kann freilich nicht verhindern, daß manche Elemente, die in ihn einfließen, höchst einseitig sind und mindestens zeitweise auch dem Gesamtprozeß eine problematische Richtung geben.

4.2 Die *Kraft der biblischen Botschaft,* aus der die reformatorisch geprägte Frömmigkeit lebt, läßt sich nicht institutionalisieren: Der Heilige Geist wirkt durch Wort und Sakrament, „wo und wann er will" (CA V; vgl. Joh 3,8 und Hebr 2,4). Das Amt der Verkündigung ist eingesetzt, die Mittel für das Wirken des Geistes, Wort und Sakrament, präsent zu halten. Aber als solches ist es oft hilflos, zumal, wenn man bedenkt, daß es aufgrund religionspsychologischer Motive („Priester") und soziologischer Veränderungen („Fachmann") auch im Protestantismus zunehmend seltener von Laien und von der gesamten Gemeinde wahrgenommen wird. Die wissenschaftliche Exegese hat hier eine verheerende Wirkung insofern ausgeübt, als sie dem Nicht-Fachmann den Mut genommen hat, sich der biblischen Botschaft in eigener Initiative und Verantwortung zu vergewissern.

Kommt es aber nicht mehr zu einer existenziellen Begegnung mit dem Wort und der Stimme Gottes, so entfällt auch jeglicher Boden, aus dem „evangelische Spiritualität" erwachsen könnte. Es bleibt dann entweder ein Pathos von Freiheit und Autonomie, das sich nicht mehr wirklich begründen kann, oder es entsteht eine Gesetzlichkeit, die sich religiös gerieren oder — in Allianz mit einem vulgarisierten Pflichtdenken Kantscher Prägung — säkular ausleben kann.

4.3 Das *Verhältnis von Individuum und Gemeinschaft* ist im Protestantismus weithin unbefriedigend geworden. Die Reformation hatte ihre — durch die historische Situation bedingte — Stoßrichtung in der Befreiung des einzelnen aus der Umklammerung und Bevormundung durch ein übermächtiges religiöses System. Aufgrund der allgemeinen geistesgeschichtlichen Entwicklung aber hat sich der reformatorische Ansatz mit Emanzipationstendenzen des Humanismus und später der Aufklärung verbunden und die Einbettung in die für den christlichen Glauben konstitutive Gemeinschaft der Glaubenden oftmals verloren. In Verbindung mit romantisch-erwecklicher Innerlichkeit entsteht dann leicht eine Überschätzung des subjektiven Gefühls und Bewußtseins, das sich kaum mehr im Ganzen zu orten vermag.

4.4 Im *Selbstverständnis* reformatorischer Frömmigkeit liegt schließlich ihr Haupthindernis: Sie will ja Frömmigkeit bzw. Spiritualität im Grunde überhaupt nicht sein. Zwischen Glaube und Liebe bleibt sozusagen kein Platz für die Frömmigkeit. Glaube und Liebe können sich nur gelegentlich auf eine Weise verwirklichen, die — an religionsphänomenologischen Kategorien gemessen — als „fromm" oder „spirituell" erscheinen kann. Es gibt letztlich gar kein Subjekt von „Frömmigkeit", denn gerade das fromm sein wollende Subjekt wird immer wieder in die Buße geführt, das Streben nach Frömmigkeit wird als ichbezogen entlarvt. Die Identität des neuen Menschen, der unter Gottes rechtfertigendem und schöpferischem Wort ersteht, ist aber psychologisch nicht faßbar: Was daran faßbar sein könnte, wird alsbald wieder der Buße unterworfen. Werden aber — gegen die Intention der Reformation — Gesetz und Verkündigung des Evangeliums selbst als psychologische Vorgänge verstanden, so entsteht ein Menschenbild, das dem Selbstverständnis des heutigen Menschen bzw. auch den gegenwärtigen Einsichten der Humanwissenschaften total widerspricht. Denn dann muß das „Sündenbewußtsein" ständig „auf dem Siedepunkt gehalten werden", damit die Botschaft des Evangeliums immer wieder als rettend erfahren werden kann.[41] Nun ist die Frage nach psychischer Entlastung und nach der Bewältigung eigener Schuld keineswegs so antiquiert, wie es auf den ersten Blick erscheinen mag, aber sie muß verbunden werden mit der Verheißung eines neuen Lebens, in der sich der Glaubende auch in seiner Geschöpflichkeit unterbringen darf. Dies wird für den einzelnen psychologische und für die Gemeinschaft soziologische, in jedem Fall aber empirisch greifbare Implikationen haben.

5. Entfaltungsmöglichkeiten

Auch in die evangelische Spiritualität haben Verhaltensweisen und Frömmigkeitsformen Eingang gefunden, die in anderen Konfessionen, ja Religionen zu Hause sind. Sie können gewiß noch kultiviert und einerseits unter dem reformatorischen Ansatz vertieft, andererseits unter humanwissenschaftlichen Fragestellungen profiliert und bereichert werden. Das betrifft insbesondere auch die Kultur des Hörens, das wieder als ein nicht primär intellektueller, sondern als integraler anthropologischer Vollzug entdeckt werden muß. Das gilt auch für das Verhältnis zwischen Individuum und Gemeinschaft und für das Verhältnis der Gemeinschaften untereinander. Trotzdem behält Spiritualität im Protestantismus immer einen spezifischen Stellenwert, es bleibt gegen sie ein evangelischer Vorbehalt. In der Gestalt evangelischer Frömmigkeit wird Spiritualität sich selbst gegenüber kritisch, protestiert sie gleichsam gegen sich selbst. Es ist ein prophetischer Protest, der hier laut wird, gerichtet gegen den falschen Schein von Religiosität und religiöser Selbstverwirklichung, in der in Wahrheit eben doch der sündige Mensch es ist, der seine

---

[41] W. Pannenberg, Christliche Spiritualität, Göttingen 1986, 18.

ego-bezogenen Potenzen realisiert. Evangelische Spiritualität hat, so gesehen, ihr Proprium darin, daß sie einschärft und
dazu befähigt, die Geister zu unterscheiden, die bösen Geister aber, die auch in der Spiritualität als einem Phänomen der
irdischen Existenz des Glaubenden stecken, zu identifizieren
und auszutreiben.

IV. Charismatische Spiritualität

Seit Anfang der sechziger Jahre unseres Jahrhunderts geht
durch Teile der Christenheit eine Bewegung, die sich selbst
als „charismatisch" versteht und — über die Grenzen der herkömmlichen Konfessionen hinweg — auf allen Kontinenten
Fuß gefaßt hat. Ausgelöst wurde sie durch Erweckungserleb-
nisse in Kalifornien; hinter ihr steht jedoch deutlich die
Erfahrungswelt der Pfingstkirchen, die bereits seit Anfang
des Jahrhunderts energisch auf die nach ihrer Meinung in den
Großkirchen vernachlässigte Dimension des Heiligen Geistes verweisen. Im deutschen Sprachraum hat diese Bewegung in den vielfältigen Ansätzen zu „Charismatischer
Gemeinde-Erneuerung" ihren Niederschlag gefunden, an
der sich deshalb die folgende Darstellung vorrangig orientiert.

1. Leben aus Gottes Geist

Pfingsten ist nicht nur ein geschichtliches Ereignis — die
Ausgießung des Heiligen Geistes ist Gegenwart! Das geistliche Leben sowohl des einzelnen Glaubenden als auch das der
Gemeinde darf daher als Ergebnis des Wirkens des Gottesgeistes verstanden werden.

1.1 *Erfahrung des Geistes* ist die Grundlage aller charismatischen Frömmigkeit. Nicht eine Theologie des Heiligen Geistes steht hier im Mittelpunkt, sondern das konkrete Erleben
seiner Mächtigkeit. Sie wirkt sich dadurch aus, daß Menschen, die sich in einer Krise befinden, innehalten, umkehren
und ein neues Leben beginnen, das durch eine unerwartete

und ständig sich vertiefende Offenheit für Gott und die Menschen gekennzeichnet ist. Diese Wandlung, die für den Betroffenen wie auch für seine Umwelt sichtbar wird, vollzieht sich im Kontext von Begegnungen mit geisterfüllten Menschen; sie wird einerseits als bewußte eigene Entscheidung, andererseits als unverdientes Geschenk Gottes erlebt.

1.2 Die *Lebensübergabe* markiert den entscheidenden Schritt in die neue Existenz. Das ganze Leben des Glaubenden soll nun an Christus ausgerichtet und vom Geist erfüllt sein. Der Akt der Lebensübergabe kann einem spirituellen Prozeß folgen, der seinerseits durch Glaubenskurse im Rahmen der glaubenden Gemeinschaft begleitet und gefördert wird. Er wird als Wiedergeburt oder als Erneuerung der Taufe verstanden; die Bezeichnung „Geisttaufe" wird allerdings meistens abgelehnt. Der katholische Dogmatik-Professor Heribert Mühlen formuliert das Gebet, in dem sich die Übergabe vollziehen könnte, so:

Ich widersage dem Satan,
ich widersage dem Mißtrauen gegen Gott.
Herr, ich übergebe dir mein ganzes Leben von Anfang an mit
allem, was mich von dir trennt.
Ich übergebe dir meinen Verstand, meinen Willen, meine
Gefühle, meine Wünsche und meinen Tod.
Hilf mir, daß ich täglich mit dir sterben kann, damit ich dein
Zeuge werde.
Sei du Herr in meinem Leben und verändere mich so, wie du
mich haben willst." [42]

2. Ausprägungen charismatischer Frömmigkeit

Man greift daneben, wenn man im Blick auf charismatische Frömmigkeit zunächst an diejenigen Formen denkt, die in den Großkirchen fehlen und insofern „auffällig" sind. Charismatische Frömmigkeit erwächst aus der Berührung mit dem Evangelium und zielt auf die Führung durch den Geist.

---

[42] H. Mühlen, Einübung in die christliche Grunderfahrung, Bd. 1: Lehre und Zuspruch, Mainz ¹⁴1985, 76.

2.1 *Berührung mit dem Evangelium* ist der Ausgangspunkt aller Veränderung, die der Geist bewirkt. Der charismatisch geprägte Glaubende wird sich daher um die Begegnung mit Gottes Wort in seinem privaten Alltag und in der
Gemeinde bemühen; er wird eine tägliche „stille Zeit" einhal-
ten und im Gottesdienst oder in Hauskreisen sein Verständnis der biblischen Botschaft zu vertiefen suchen. Charismatisch orientierte Christen sind weithin keineswegs „Christen
ohne Schriften" (W. J. Hollenweger). Für die Gestaltung von
Hauskreisen wie für den Umgang mit biblischen Texten gibt
es klare und praktikable Anweisungen. Dem Verstehen des
Gotteswortes dient nicht der wissenschaftliche Kommentar,
vielleicht aber die Konkordanz, mit deren Hilfe man sich des
biblischen Gesamtzusammenhangs vergewissert. Vor allem
aber will das rechte Verstehen und Aufnehmen des Wortes
erbetet sein.

2.2 Das Auftauchen und Lebendigwerden der in der Heiligen Schrift genannten *Charismen* gehört zu den überwälti-
genden Erfahrungen in charismatischen Gruppen und
Gemeinden. Das hervorstechendste, weil rational am wenigsten erklärbare Charisma ist die „Zungenrede" („Glossolalie", vgl. Mk 16,17, Apg 2, 1 Kor 12; 1 Kor 14), oft „Sprachen-
gebet" genannt. Dazu kommt die „Prophetie", der in gewisser Weise die Unterscheidung der Geister und — in einem
weiteren Sinne — die „kognitive Seelsorge" zugeordnet werden kann. Dieses Seelsorgekonzept arbeitet auf der Basis der
Überlegung, daß nicht die Verhältnisse geändert werden müssen (die ja mit Gottes Walten zu tun haben), sondern deren
Deutung. Die Fehldeutung der jeweiligen Situation erwächst
aus dem Irrglauben — die Wahrheit aber aus dem Glauben;
sie „wird euch frei machen" (Joh 8,32). Schließlich ist die
Gnadengabe der Heilung zu nennen, die unter Berufung auf
das Neue Testament (vgl. Jak 5,14-16) vollzogen wird. Die
Erwartung von Heilung, die freilich ganzheitlich verstanden
wird, ist im Blick auf das Wirken des Gottesgeistes berechtigt. Da Krankheit im Zusammenhang von Sünde gesehen
werden kann, kommt es gelegentlich zu Exorzismen. Es werden eigene Heilungs- oder Segnungsgottesdienste durchge-
führt. Bei der Bestimmung eines Charismas geht man von
den paulinischen Listen aus, die aber auch erweitert werden

können. Unter Umständen gilt eine Tätigkeit als Charisma, wenn sie „mithilft an der Wiederherstellung der Schöpfung, wenn sie mit dazu beiträgt, die kranke Welt zu heilen" (A. Bittlinger). Nach W. Kopfermann dagegen ist ein Charisma eine „Fähigkeit, sofern sie durch den Geist Jesu Christi der Selbstverfügung entrissen und in den Dienst der Gemeinde gestellt worden ist."[43] Die Charismen werden als „Gütezeichen Gottes" im Blick sowohl auf den einzelnen Glaubenden als auch auf die Gemeinde verstanden.[44] In den „Theologischen Leitlinien der Charismatischen Gemeinde-Erneuerung in der Evangelischen Kirche", die freilich nicht von allen charismatischen Gruppen geteilt werden, heißt es zur „Gestaltwerdung" der Gemeinde:

„... 3) Zur Erfüllung dieser Gestaltwerdung hat Gott seiner Gemeinde die Kraft des Heiligen Geistes verheißen und geschenkt, die in den Früchten und Gaben des Geistes sichtbar und konkret wird.

4) Jeder Christ, der durch Glauben und Taufe wiedergeboren ist, lebt in dieser charismatischen Wirklichkeit. Der Heilige Geist wohnt in ihm und will bei ihm sichtbar werden zur Auferbauung der Gemeinde und zum Dienst in der Welt.

5) ‚Charismatisch' ist das Leben eines jeden Christen, der sich durch den Geist Gottes zu seiner ursprünglichen, gottgewollten und in der Schöpfung angelegten Begabung und Lebensentfaltung befreien läßt und sich der Sendung der Gemeinde zur Verfügung stellt.

6) Wer ein Charisma ausübt, handelt als Glied des Leibes Christi. Untereinander sind alle Glieder gleichwertig. Die Charismen werden in der Abhängigkeit von Jesus Christus (1. Kor 12,3) nach dem Maß des Glaubens (Röm 12,3) und als Verwirklichung der Liebe (1.Kor 13) in der Gemeinschaft der Glaubenden (1.Petr 4,10) entfaltet und ausgeübt."[45]

---

[43] Beide Zitate nach U. Birnstein, Neuer Geist in alter Kirche? Die charismatische Bewegung in der Offensive, Stuttgart 1987, 128.

[44] H. Kirchner u.a. (Hg.), Charismatische Erneuerung und Kirche, Neukirchen-Vluyn 1984, 54ff.

[45] Zitiert nach W. Kopfermann, Charismatische Gemeinde-Erneuerung. Eine Zwischenbilanz, Metzingen ²1983, 53f.

2.3 Eine spezifische Gestalt von *Amt und Gemeindestruktur* entspricht der charismatischen Erfahrung. In der Gemeinde sammeln sich ja diejenigen, die vom Geist erfüllt und mit besonderen Gaben beschenkt sind. Dazu heißt es in den „Theologischen Leitlinien":

> „7) Jede Rangordnung der Charismen ist undenkbar ...
> 9) Die charismatische Grundlage des traditionellen ‚Amtes' wird in der Charismatischen Erneuerung wiederentdeckt als Dienst zur Befreiung, Entfaltung und Koordinierung der Charismen der übrigen Gemeindemitglieder ...".[46]

Die spirituelle Bedeutung des Amtes verändert sich somit nach zwei Richtungen hin: Einerseits wird sie relativiert, da ja jedem Gläubigen ein spezifisches Charisma zuteil geworden ist; andererseits gewinnt sie an Bedeutung, da ein charismatisches Ordinationsverständnis zu einer Vertiefung des Amtsbewußtseins beitragen kann. Leitung durch Gottes Geist kann sich als Führung durch den Gemeindeleiter vermitteln. Der Bewahrung der durch das Wirken des Geistes geschaffenen Gemeinde dient gegebenenfalls eine rigide Kirchenzucht, die bis zum zeitweisen Ausschluß — der „Übergabe an den Satan" (vgl. 1 Kor 5,5) — reichen kann.

3. Das Ziel: Erneuerung durch Gottes Geist

Das Wirken des Heiligen Geistes inspiriert und erneuert den einzelnen Glaubenden, die Gemeinde und die gesamte Christenheit.

3.1 Dem einzelnen Glaubenden wird ein *ganzheitlicher Glaube* vermittelt. Er muß nicht mehr gegen die Widrigkeiten der Welt glauben, sondern kann sich auf seine eigenen Erfahrungen berufen. Glaube und Erfahrung haben einander gefunden; darum darf sich der Glaubende nun auch seinen religiösen Gefühlen ausliefern; mit geschlossenen Augen und erhobenen Händen lobpreist er Gott. Christliche Identität wird dadurch geschaffen und stabilisiert, daß Unmittelbar-

---

[46] Ebd., 54

keit des Erlebens, Verbindlichkeit des Lebensstils und innere Gewißheit eine Grundlage darstellen, die von außen so leicht nicht erschüttert werden kann.[47]

3.2 Die *Kirche, die Gott will,* soll endlich der Verwirklichung nähergebracht werden: „Gott will eine gewisse Kirche, ... eine bekennende Kirche, ... eine hörende Kirche, ... eine betende Kirche, ... eine Kirche geistlicher Laien, ... eine heilende Kirche".[48] Mit dem Engagement für diese wahre, gottgewollte Kirche kann sich Polemik gegen bestehende Kirchen verbinden. Das Ziel der Gemeindeerneuerung liegt jedoch ursprünglich keineswegs in der Befehdung herkömmlicher kirchlicher Frömmigkeit, sondern in deren geistlicher Durchdringung.

3.3 Es versteht sich damit von selbst, daß die charismatische Gemeindeerneuerung eine *transkonfessionelle Bewegung* darstellt: Neben dem katholischen Dogmatiker steht der evangelische Pastor und der aus der Pfingstkirche stammende Religionswissenschaftler; auf der Ebene der geistbegabten Laien treten die konfessionellen Unterschiede ohnehin zurück. Das „Lebenszentrum für die Einheit der Christen" in Schloß Craheim wurde von Katholiken und Protestanten gemeinsam gegründet. In einem 1975 im Petersdom gefeierten Gottesdienst wurde — ein bislang einmaliges Ereignis — die Glossolalie geübt; zwischen Pfingstlern und Katholiken kam es zu theologischen Dialogen. Auch der ÖRK veranstaltete einschlägige Konsultationen. In einem auf Schloß Craheim verabschiedeten Papier werden die Kirchen aufgefordert, sich nach ihrer je besonderen Berufung zu fragen, selbstkritisch zu prüfen, welche Gnadengaben bei ihnen noch nicht voll verwirklicht sind, und sich zu öffnen für mögliche Übernahmen aus andern Kirchen. Insofern kann man sagen, das Ziel der Charismatischen Gemeindeerneuerung bestehe darin, in einer schließlich wieder blühenden Christenheit sich selbst überflüssig zu machen (,,ein Stadium des floreat ut pereat", Chr. O Donnell).

---

[47] Vgl. H. Kirchner, a.a.O. (siehe Anm. 44) 120ff.
[48] Vgl. W. Kopfermann, a.a.O. (siehe Anm. 45), 33ff.

4. Probleme

Die Probleme der charismatischen Frömmigkeit werden je nach Standort des Betrachters unterschiedlich wahrgenommen. Aus römisch-katholischer Sicht löst vor allem das in der Bewegung virulent vorhandene kirchenkritische Moment Bedenken aus; für katholische Charismatiker muß jedenfalls klar bleiben, daß sie sich weiterhin dem Urteil des Lehramts zu unterwerfen haben. Im Kontext evangelischer Theologie und Frömmigkeit wird häufig befürchtet, sogenannte „Geisterfahrungen" könnten sich dem Wort Gottes gegenüber verselbständigen und so zu einer unsachgemäßen Akzentverschiebung beitragen: weg von der Rechtfertigung des Gottlosen — hin zu einer selbstmächtigen Frömmigkeit; weg von der Theologie des Kreuzes — hin zu einer Theologie des Enthusiasmus und des geistlichen Triumphalismus. Evangelikal orientierte Christen, die sich ja in manchem mit den Anliegen der Charismatischen Bewegung berühren, haben sich übrigens bislang eher zurückhaltend bis abweisend geäußert.

Da die Mitglieder der Charismatischen Bewegung weithin aus konfessionell geprägten Kreisen kommen, dürften konfessionsspezifische Hintergründe auch innerhalb der charismatischen Gruppen gewisse Spannungen verursachen.

Harschere Kritik kommt freilich von außen: Handelt es sich bei charismatischer Frömmigkeit um „Krisenkulte", wie sie in ganz bestimmten gesellschaftlichen oder politischen Notsituationen aufbrechen — in den USA zur Zeit des „Kalten Krieges" oder im nachkolonialen Lateinamerika? Brauchen die Menschen, von den Widrigkeiten ihres Alltags bedrängt, „Gotteserlebnisse im Schnellverfahren" (Karl Guido Rey)? Dieser Einwand wiegt umso schwerer, als entschlossene Weltverantwortung und Weltveränderung kaum zu den erklärten Zielen charismatisch geprägter Frömmigkeit gehören.

5. Entfaltungs- und Integrationsmöglichkeiten

Die etablierten Kirchen haben weithin vorsichtig-positiv auf die Anfragen der Charismatischen Bewegung reagiert. Zu gut wissen führende Kirchenleute, daß hier ein wunder

Punkt der Volks- und Traditionskirchen angesprochen wird. Erst die Zukunft wird erweisen, ob es den Kirchen gelingt, charismatische Impulse aufzunehmen und zu integrieren, und ob es den Charismatikern möglich sein wird, Spaltungsvorgänge und Brüche, wie sie hier und da bereits vollzogen wurden, langfristig zu vermeiden.

Eine merkwürdige Dialektik ist zu beobachten: Auf der einen Seite kommen ökumenisch engagierte Christen aus allen Konfessionen gerade als Charismatiker miteinander „ins Gebet und in hautnahen Kontakt" (W.J. Hollenweger), auf der anderen gibt es neue Spaltungsprozesse, die letztendlich zu einer reduzierten „Ökumene der Gleichgesinnten" (Chr. Ziemer) führen.

Schließlich sind auch die Abgrenzungen gegenüber „Kirchen" und Bewegungen außerhalb des traditionellen Christentums unklar. In den Afrikanischen Unabhängigen Kirchen begegnen ähnliche Phänomene wie in der Charismatischen Bewegung. Es stimmt nachdenklich, daß charismatische Frömmigkeit eine gewisse Nähe zu außerchristlichen charismatischen Aufbrüchen und zum Weltgefühl des „New Age" zeigt. Entscheidend wird es sein, daß das christliche Bekenntnis von schwer zu beurteilenden „Erfahrungen" nicht verschlungen wird, sondern seinerseits in die Welt der Erfahrung immer wieder einbricht — und über sie hinausführt.

V. Spiritualität der Befreiung

Die Spiritualität der Befreiung, wie sie im folgenden vor allem am Beispiel Lateinamerikas dargestellt werden soll, ist nicht aus einer bestimmten Theologie hervorgegangen, sondern sie hat umgekehrt die theologische Reflexion nach sich gezogen und die „Befreiungstheologie" begründet. Sie ruft damit in Erinnerung, daß es immer spirituelle Erfahrung und Praxis sind, die der Theologie vorausgehen und durch theologische Arbeit nur nachvollzogen, reflektiert, geklärt, im besten Fall inspiriert werden können. So sehr sie mit der gesamten christlichen und insbesondere der römisch-katholischen Tradition in Verbindung steht, will Spiritualität der

Befreiung doch als selbständige Entwicklung wahrgenommen sein. Das zeigt sich bereits an den Definitionsvorschlägen, wie sie bei den lateinamerikanischen Autoren begegnen: Spiritualität ist „Leben *nach* dem Geist Christi" oder „Gotteserfahrung in der *Nachfolge* Jesu Christi". Gustavo Gutierrez interpretiert: „Jüngerinnen und Jünger sein, das ist Spiritualität", und zwar nicht im Alleingang eines Einzelnen oder einer Gruppe, sondern „als Weg eines ganzen Volkes"[49]. Er geht davon aus, daß Spiritualität und Freiheit ohnehin zusammengehören, wenn Spiritualität als Wirkungsfeld des Geistes verstanden wird. Der in San Salvador arbeitende Theologe Jon Sobrino definiert religionsphilosophisch offener, Spiritualität sei nichts anderes als „der Geist eines bestimmten Subjektes oder einer als Subjekt auftretenden Gruppe, insoweit dieser/diese zur Totalität der Wirklichkeit in Beziehung steht"[50]. Wichtig sind dabei die Stichworte „Beziehung", „Wirklichkeit" und „Totalität". In der Beziehung zur Totalität der Wirklichkeit, wie sie in Lateinamerika erlebt wird, ereignet sich eine unerwartete neue Transzendenz-Erfahrung, die die lateinamerikanische Spiritualität nährt und bestimmt.

1. Neue Transzendenzerfahrung

1.1 Der Geschichte und insbesondere der *historischen Rolle der Armen* und Benachteiligten wird eine heilsgeschichtliche, ja offenbarungstheologische Qualität zuerkannt. Neue geschichtliche Wirklichkeit gilt als neues Wort Gottes, das Christen annehmen und wahrhaben sollen. Die Statistik muß aus theologischen Gründen ernst genommen werden! Die „Treue dem Wirklichen gegenüber" werden Glaubende gerade „inmitten der Negativität der Geschichte festhalten" (Jon Sobrino[51]). Der Ort der Gottesbegegnung ist nicht die mystische Tiefe der einzelnen Menschenseele, sondern die Tiefe des sozialen und psychischen Elends der

---

[49] G. Gutierrez in: P. Eicher (Hg.), Theologie der Befreiung im Gespräch, München 1985, 39.
[50] J. Sobrino, Geist, der befreit. Anstöße zu einer neuen Spiritualität, Freiburg 1989, 26.
[51] Ebd.

Armen. Gott, der „ganz andere", begegnet in den „anderen", in den „geringsten" Brüdern und Schwestern, in den Armen. Gott hat „die Armen als Sakrament seiner Selbstmitteilung privilegiert" (L. Boff[52]). In einer Spiritualität der solidarischen Schwachheit wird Gottes Kraft neu erfahren.

1.2 Dem überlieferten *Wort Gottes* kommt dabei besondere Bedeutung zu: Es wird in seiner Relevanz für den politischen Alltag neu wahrgenommen. Die Mitglieder von Basisgemeinden versammeln sich, um sich von ihm orientieren und stärken zu lassen, ohne daß es dazu geschulter Exegeten bedürfte. Die Gemeinden wurden nicht von der kirchlichen Hierarchie oder sonst „von oben" organisiert; in der Mehrzahl der Fälle, beobachtet Leonardo Boff, habe alles mit Bibelkreisen angefangen. Biblische Botschaft und das gewöhnliche Leben von gewöhnlichen Menschen, die freilich durch ihre materielle und psychische Not geprägt sind, treffen aufeinander; gegenseitig erschließen sich so die bedrückende Situation und der alte Text. Vor allem der Jesus der Evangelien wird wiederentdeckt. Wenn Arme und das Evangelium „eng miteinander verbunden sind, dann zeigen in der Tat die Aussagen der Evangelien über Christus das auf, was von Christus in Jesus offenbar wurde ... Von den Armen her überwindet man — mit Verlaub gesagt — einen gewissen Analphabetismus beim Lesen des Evangeliums" (J. Sobrino).

Bestimmte Bibeltexte rücken ins Zentrum des Interesses: das Magnificat (Lk 1,46-56), das Gleichnis vom Weltgericht (Mt 25,31-46), die Berichte von der Befreiung Israels aus der Sklaverei in Ägypten.

Ohne professionelle theologische Schulung und ohne offizielle kirchliche Legitimation entdecken in der solidarischen Gemeinschaft die Einzelnen ihre Berufung und Sendung. Als einzelne und in Gruppen erfassen sie, daß sie keineswegs Spielball irrationaler Mächte sind, auch nicht geduldete oder erwünschte Konsumenten kirchlicher oder gesellschaftlicher Versorgungssysteme, sondern Subjekte ihres eigenen Wünschens und Handelns — in Verantwortung voreinander und

---

[52] L. Boff, in: E. Bonnín (Hg.), Spiritualität und Befreiung in Lateinamerika, Würzburg 1984, 59.

füreinander: Das allgemeine, gegenseitige und gemeinsame Priestertum der Gläubigen entfaltet seine Kraft[53]. Vollzieht sich im Wahrnehmen der Situation das Auftun der Augen, das „Sehen", so bildet sich unter dem gemeinsam gehörten und diskutierten Evangelium das „Urteil", das dann weiterführen kann zu einem klar konzipierten „Handeln". Sehen — Urteilen — Handeln: Dieser Dreischritt stellt ein Grundschema der Spiritualität und der sie reflektierenden Theologie der Befreiung dar.

1.3 Die *Praxis* ist nicht nur Ziel einer Spiritualität der Befreiung, sondern zugleich Quelle ihrer Inspiration: In jedem kleinen Schritt zu Selbständigkeit, Verbesserung der sozialen Lage und zur Beseitigung von Unrecht läßt sich die Macht der Befreiung erfahren. Das Handeln wird zu einer Form des Hörens auf die Wirklichkeit und das sie erschließende Gotteswort. Hier kritisch die reformatorische Kategorie der „Werkgerechtigkeit" einzubringen, wäre oftmals verfehlt, wenn auch manche der in diesem Zusammenhang auftauchenden Formulierungen „synergistisch" klingen: In der ethischen Praxis wird die Präsenz Gottes erfahren. „Im Aufbau des Lebens entdecken wir die Herrlichkeit Gottes" (Pablo Richard[54]). So gelebte Spiritualität ist nach Jon Sobrino „Verwandtschaft und Ähnlichkeit mit Gott, ist ein bei ihm Sein und heißt zudem, mit ihm in der Geschichte gegenwärtig zu sein und dort mit ihm mitzuarbeiten"[55]. Auf diese Weise kommt es zu einer ganzheitlich verstandenen, „integralen" Befreiung.

2. Ein neues Profil christlicher Spiritualität

Die von einer Spiritualität der Befreiung in Lateinamerika oder anderswo erfaßten Menschen sind sich oft dessen bewußt, daß sie durch ihren Ansatz herkömmliche Formen

---

[53] Vgl. H.-M. Barth, Einander Priester sein. Allgemeines Priestertum in ökumenischer Perspektive (KiKonf 29) 1990, 134-160.
[54] In: E. Bonnín (siehe Anm. 52), 115.
[55] A.a.O. (siehe Anm. 50), 70.

von Kirchlichkeit und Frömmigkeit in Frage stellen. Waren Klöster mitunter nicht auch „Treibhäuser" einer problematischen Religiosität, hatte bisherige Frömmigkeit nicht oft einen triumphalistischen Zug und diente sie nicht vorrangig subjektiver Befriedigung oder der Profilierung einer bestimmten kirchlichen Gruppierung? War nicht insbesondere die klassische Askese mehr am Gegensatz zwischen Fleisch und Geist statt an dem zwischen Tod und Leben ausgerichtet? Schlug sich nicht eine Art „geistlicher Monophysitismus" darin nieder, daß letztlich Gebet und Meditation doch höher bewertet wurden als Arbeit und konkreter Einsatz? Das Gebet verliert nunmehr seinen in der bisherigen Spiritualität klar bestimmbaren Ort. Die klerikale Kleidung wird überflüssig, ja hinderlich. Die herkömmliche Sprache der Kirche eignet sich nicht mehr ohne weiteres dazu, der neuen Spiritualität Ausdruck zu geben. Eine Brasilianerin formuliert den Text des Vaterunsers um:

> *„Warum?*
> *Vater unser!*
> *Wenn du im Himmel bist*
> *und dein Name heilig ist,*
> *warum geschieht dann nicht dein Wille,*
> *auf der Erde wie im Himmel?*
> *Warum gibst du nicht allen*
> *ihr tägliches Brot?*
> *Warum vergibst du uns nicht unsere Fehler,*
> *damit wir unsere Klagen vergessen?*
> *Warum fallen wir noch in die Versuchung, zu hassen?*
> *Wenn du im Himmel bist, unser Vater,*
> *warum befreist du uns nicht von dem Bösen,*
> *damit wir dann sagen: Amen?"* [56]

Von der abendländischen oder ostkirchlichen Spiritualität geprägte Katholiken äußern sich daher gelegentlich naserümpfend über diese Entwicklung. Wie verändern sich die bishe-

---

[56] Marialzira Perestrello, in: Sehnsucht nach dem Fest der freien Menschen. Gebete aus Lateinamerika, hg. von A. Reiser u. P.G. Schoenborn, Wuppertal 1982, 87.

rigen Formen bzw. was tritt an ihre Stelle? Worin bestehen die positiven Ansätze dieses neuen Profils christlicher Spiritualität?

2.1 *Mystik und politisches Engagement* oder, wie man in Taizé sagte, Kampf und Kontemplation, finden zueinander. Leidenschaft für Gott und Leidenschaft für die Welt dürfen keine Alternative darstellen. Dies wird in Lateinamerika freilich nicht nur theologisch, sondern auch (vulgär-)marxistisch begründet: „Das Leben nach dem Geist setzt Leben sowie materielle und leibliche Reproduktion des Lebens voraus. Arbeit, Brot, Obdach und Gesundheit sind die materielle Basis allen Lebens und infolgedessen auch jeder Spiritualität des Lebens" (P. Richard[57]). Bei der Entwicklung einer Spiritualität der Arbeit kann an die Enzyklika Johannes Pauls II. „Laborem exercens" angeknüpft werden. Doch gehen die lateinamerikanischen Ansätze weiter: Es gilt, eine „politische Heiligkeit" (L. Boff) zu verwirklichen und die „Göttlichkeit des Kampfes und die Menschenrechte" (J.Sobrino) zu entdecken. Nächstenliebe hat eine politische Dimension: Der Nächste begegnet nicht mehr nur als einzelner, sondern als Glied einer Gesellschaft, die durch ungerechte und entwürdigende Strukturen geprägt ist. Kontemplation als Selbstzweck ist überholt; der politische Heilige ist „contemplativus in liberatione" (L. Boff[58]). „Die Kontemplation selbst muß aktiv, d.h. auf Umkehr und Veränderung ausgerichtet sein, und die Aktion muß kontemplativ sein, d.h. erhellt, klarsichtig, reflexiv." So hatte es der salvadorianische Jesuit Ignacio Ellacuria[59] formuliert, der vor wenigen Jahren seines Engagements wegen umgebracht wurde.

2.2 Die *gottesdienstliche Versammlung* gewinnt eine neue spirituelle Bedeutung. Sie ist nicht mehr grundsätzlich an die Anwesenheit eines geweihten Priesters gebunden; auch Frauen können sie leiten, wie sich denn überhaupt in der

---

[57] In: E. Bonnín (siehe Anm. 52), 114.
[58] Ebd., 67.
[59] In: G. Collet (Hg.), Der Christus der Armen. Das Christuszeugnis der lateinamerikanischen Befreiungstheologen, Freiburg i.Br. 1988, 207.

Basisgemeinde neue Ämter und Aufgaben herauskristallisie-
ren — vom Bänkelsänger bis zum „animador". Der Gottesdienst wird zu einer Kommunikationsebene, auf der alle Teilnehmenden ihre Bedrückung und ihre Hoffnung, ihre Zweifel und ihre Glaubenserfahrung zum Ausdruck bringen können. Das folgende Gebet stammt aus Nicaragua:

> *„Befreie uns vom Joch*
> *Christus, Christus Jesus*
> *stell dich auf unsere Seite*
> *Herr, Herr mein Gott*
> *stell dich auf unsere Seite*
> *Christus, Christus Jesus*
> *solidarisiere dich*
> *nicht mit den Unterdrückern*
> *die unsere Gemeinschaft*
> *aussaugen und verschlingen*
> *sondern mit den Unterdrückten*
> *mit meinem Volk*
> *das nach Frieden dürstet.*
> *Auf allen Straßen und Pfaden*
> *erkenne ich, Jesus Christus,*
> *das Licht deiner Wahrheit*
> *du bist dreimal heilig*
> *du bist dreimal gerecht*
> *befreie uns von dem Joch*
> *gib uns die Freiheit!"* [60]

Eine Fülle von geistlichen Texten ist auf diese Weise entstanden. Neue Formen der Beichte, bei der alle Teilnehmenden einander ihre Schuld bekennen und im Namen Gottes
vergeben, wurden erprobt. Aber auch die traditionelle Messe
bekam einen neuen Elan: Sie wurde zur echten gemeinsamen
Feier — „als Vorwegnahme einer guten Zukunft für alle" und
als Dank für das Erreichte und für alle Gaben des Lebens.

2.3 Die *Gemeinschaft* wird neu in ihrer Tragweite erfaßt.
Für den einzelnen und die Gruppe wird „communio" erfahrbar. Nicht im Bedientwerden, sondern im gegenseitigen Aus-

---

[60] In: Sehnsucht (siehe Anm. 56), 52.

tausch von Beobachtungen und Einsichten, im gemeinsamen Wahrnehmen, Beraten und Handeln, aber auch in der gemeinsamen Aufarbeitung von Enttäuschung und Schuld wird sie erlebt. Bisherige hierarchische Strukturen werden funktionalisiert, das Amt des Priesters und Bischofs nicht ausgeklammert, sondern in die gemeinsame Aufgabenstellung integriert. Auch die Ordensgemeinschaften werden durch diese neue Spiritualität belebt, die Gelübde radikaler als bisher interpretiert: Armut als politische Option, Keuschheit als Ausdruck von Unabhängigkeit und totaler Verfügbarkeit, Gehorsam als Treue zur eigenen Entscheidung und zugleich als Modell verantwortlicher Lebensführung[61].

2.4 Das *Martyrium* hat in der Spiritualität der Befreiung eine unerhörte Aktualität bekommen. Die Listen lateinamerikanischer Märtyrer und Märtyrerinnen sind lang — und unvollständig; denn neben Kirchenmännern wie Bischof Oscar Romero, der während der Messe von einer Kugel niedergestreckt wurde, oder dem oben genannten Jesuiten-Professor Ignacio Ellacuria sind es viele Unbekannte, die ihr Engagement für den Glauben und die Liebe mit dem Leben bezahlt haben. Das Martyrium erscheint keineswegs als etwas schlechthin Außergewöhnliches. Die Glaubenden sind Realisten. „Wenn es eines Tages auf sie zukommt, das Leben zu geben, dann tun sie es mit der Bescheidenheit derer, die ohne melodramatischen Zauber ihre Pflicht erfüllen."[62] Wenige Stunden, nachdem der bolivianische Priester Luis Espinal dies niedergeschrieben hatte, wurde er ermordet. In Gottesdiensten und politischen Manifestationen gedenkt man der Märtyrer:

„Unsere Märtyrer sind in gleicher Weise Märtyrer unserer Völker. Sie gehören zu ihnen. Manchmal erinnern wir uns nur an die Märtyrer unserer christlichen Gemeinden. Heute wollen wir uns aber an die Märtyrer unserer Basisgemeinden und an die anderen Märtyrer unserer Volksorganisationen erin-

---

[61] Vgl. L. Boff, Zeugen Gottes in der Welt. Ordensleben heute, Zürich 1985.
[62] Nach G. Gutierrez, Aus der eigenen Quelle trinken. Spiritualität der Befreiung, München / Mainz 1986, 129.

nern. Laßt uns sie alle gemeinsam in einer einzigen Umarmung der Solidarität und der Sympathie umfassen. Laßt uns ihre Gegenwart feiern als eine Verstärkung unseres eigenen Wunsches, ihren Kampf fortzusetzen. Nach jedem Aufruf laßt uns alle sagen: Sie sind unter uns!

Tausende von Märtyrern unter der Bevölkerung von Haiti
Sie sind unter uns!
Tausende von Märtyrern in dem Freiheitskampf des dominikanischen Volkes 1965
Sie sind unter uns!
Die Unterdrückten der Agrarligen in Paraguay
Sie sind unter uns!
Die Ermordeten, Gefangenen, oder Verschleppten in Uruguay
Sie sind unter uns!
Die Gefolterten, Ermordeten oder Verschwundenen in der Marine-Schule in Buenos Aires
Sie sind unter uns! ...
Herr, halte in uns lebendig die subversive Erinnerung an die Märtyrer unserer Volksorganisationen."[63]

3. Ziel: Am Kommen des Reiches Gottes beteiligt sein — zum Wohl der Benachteiligten

Die Spiritualität der Befreiung hat Ziele, sie will etwas erreichen. Diese Ziele liegen im gesellschaftlichen und im individuell-persönlichen Bereich. Daß die institutionelle Kirche dabei nicht ungeschoren davonkommen kann, liegt auf der Hand. Die Wirksamkeit der Gnade wird so erfahren, daß darunter „nicht nur neue Ohren zu verstehen sind, um die Frohe Botschaft zu hören, sondern auch die neuen Hände, mit denen sie verwirklicht wird" (J. Sobrino[64]). Es geht ja nicht in erster Linie um Orthodoxie, sondern um Orthopraxie. Die Christen (und insbesondere die Theologen) sollen — frei nach Marx — die Welt nicht nur erklären, sondern verändern.

---

[63] In: Sehnsucht (siehe Anm. 56), 144f.
[64] In: Bonnín (siehe Anm. 52), 171

3.1 Die große Veränderung wird mit dem Kommen des Reiches Gottes erwartet. Gottes Reich wird ein Reich der Freiheit sein. Die Spiritualität der Befreiung weiß sich im Dienst einer *umfassenden Freiheit*, die sich auf alle Ebenen menschlicher Existenz bezieht. Die Sicherung materieller Existenzbedingungen gehört ebenso dazu wie der Schutz vor Ausbeutung und Entwürdigung — das tägliche Brot, das alle satt macht, ebenso wie das Brot der Eucharistie, von dem sich der Glaube nährt. Wenn es der Befreiungstheologie auch bislang nicht gelungen ist, das Verhältnis zwischen politischer Aktion, institutioneller Kirche und Reich Gottes befriedigend zu klären, so ist doch die Stoßrichtung klar: Ungerechtigkeit und Unterdrückung sollen nach Gottes Willen nicht sein; das weiß jeder, der an den Gott Jesu Christi glaubt. Gott inspiriert die Glaubenden „mit der Kraft der Utopie". Im Glauben kann man es wagen, „das Vertrauen auf die Zukunft zu setzen, die erlöst sein wird" (J. Sobrino[65]). Das Engagement für Gerechtigkeit und Freiheit steht im Dienst einer besseren Welt, im Dienst des Gottesreiches. Weil es dabei nicht nur um den einzelnen geht, müssen die ungerechten Strukturen, muß die strukturelle Sünde angegriffen werden. Umgekehrt gilt es, Strukturen zu schaffen, die von Liebe bestimmt und durchdrungen sind. Das Alte muß verlassen, der Weg zu Neuem in Angriff genommen werden: „Exodus-Spiritualität" ist gefordert.

3.2 Auch für den einzelnen markiert die Spiritualität der Befreiung ein Ziel: Er will sich am Kampf des Volkes beteiligen, am Heraufkommen des Reiches Gottes mitarbeiten. Als Teil des Ganzen findet er seine Aufgabe und seine Funktion. „Macht sich ein Mensch mitverantwortlich, bekommt sein Leben wieder einen Sinn und wird wieder lebenswert." Oder — noch kürzer gesagt: „Wer in der Liebe lebt, *lebt*" (J. Sobrino[66]). Das alte *Ideal der Heiligkeit* stellt sich ein, wenn auch unter veränderten Vorzeichen: Heilig ist der für die Befreiung Engagierte, der seinerseits dazu frei geworden ist, die Armen zu lieben und an der gesellschaftlichen Verände-

---

[65] A.a.O. (Anm. 50), 71, 182.
[66] Ebd., 188, 135.

rung mitzuarbeiten. Maria rückt als Modell solcher Heiligkeit ins Bewußtsein. Franz von Assisi verkörpert zwei Grundtugenden einer Spiritualität der Befreiung: „Zärtlichkeit und Kraft" (L. Boff[67]).

3.3 Für die *Kirche* bedeutet dies schließlich, daß sie sich wirklich inkarnieren muß — in die Menschheit mit ihrer Masse von Armen und Entrechteten. Die *Theologie* wird in der Teilnahme am Befreiungsprozeß neue Erkenntnisse gewinnen. Das theologische Hauptproblem wird dann allerdings nicht mehr die Vermittlung von Glauben und Vernunft sein, sondern die Beziehung zwischen dem Evangelium und den Armen. Das wirkmächtige Wort Gottes läßt sich freilich dort nicht „erzwingen, wo es nicht vorkommt"; insbesondere die Europäer sollten das für ihre eigene Situation akzeptieren und ihre spirituelle Armut zugeben, die gerade auf diese Weise fruchtbar werden könnte (J. Sobrino).

4. Probleme

Die Vorbehalte der offiziellen römisch-katholischen Kirche, wie sie vor allem in den Äußerungen der Glaubenskongregation und in den Auseinandersetzungen um Leonardo Boff zum Ausdruck kommen, brauchen hier nicht erörtert zu werden. Auch ohne sie eigens zu würdigen, wird man folgende innere Probleme der Spiritualität der Befreiung benennen können:

4.1 Die *Analyse der Wirklichkeit* bedarf eines präzisen Instrumentariums. Sicher gibt es ein unmittelbares Sehen der Not und eine intuitive Einfühlung in eine Situation. Aber zur Erfassung der übergreifenden Zusammenhänge bedarf es dann doch der Theorie, die von den Christen Lateinamerikas mitunter aus dem Marxismus entlehnt war. Eine marxistisch interpretierte Situation — freilich im Gegenüber zum biblischen Zeugnis — als ein neues „Wort Gottes" zu verstehen,

---

[67] Zärtlichkeit und Kraft. Franz von Assisi, mit den Augen der Armen gesehen, Düsseldorf ²1984.

erweist sich als theologisch fragwürdig. Können hier aus der geistlichen Erfahrung der Armen weiterführende Kriterien gewonnen werden? Der Zusammenbruch des etablierten Marxismus stellt die Spiritualität und Theologie der Befreiung vor zusätzliche Schwierigkeiten.

4.2 Gelegentlich verlor die Spiritualität der Befreiung erheblich an Schwung, sobald sich eine Elendssituation tatsächlich gebessert hatte; die Basisgemeinden erhielten in politischen Gruppierungen und Parteien Konkurrenz, sobald die politischen Verhältnisse eines Landes es zuließen. Es steht daher zu befürchten, daß in mancher Hinsicht *gesellschaftliche Impulse* sich *religiös eingekleidet* und geäußert haben, solange sie sich anders nicht äußern konnten. Es kommt darauf an, daß sich der politische Elan nicht, wie dies teilweise in der Wirkungsgeschichte der Reformation der Fall war, von seiner geistlichen Basis trennt und verselbständigt. Andererseits wäre es problematisch, wenn sich ein gewisser heilsgeschichtlicher Optimismus ohne die Erinnerung daran Bahn bräche, daß die volle Verwirklichung des Gottesreiches letztlich ein eschatologisches Ereignis sein wird.

4.3 Ungeklärt ist die Frage der *Legitimität der Gewaltanwendung*. Die meisten Befreiungstheologen plädieren für Gewaltlosigkeit, können den Einsatz von Gewalt aber doch für Christen nicht kategorisch ausschließen.

4.4 Ungeklärt ist auch das Problem der *Volksreligiosität*. Sie hat in Lateinamerika viele Wurzeln, vom Spanien des 16. Jahrhunderts bis zu modernen Voodoo-Kulten. Soll sie als „Opium des Volkes" abgelehnt oder im Sinne der Befreiungstheologie instrumentalisiert werden? Wenn die religiösen Erfahrungen des einzelnen in den Basisgemeinden ernst genommen werden, dann dürften in diesem Zusammenhang Konflikte auftreten. Von den Autoren der Befreiungstheologie wird dies allerdings kaum je thematisiert.

5. Entfaltungs- und Integrationsmöglichkeiten

5.1 Spiritualität der Befreiung ist in mehrfacher Hinsicht ein *ökumenisches Phänomen*: Ohne Frage lebt sie einerseits aus Traditionen klassischer römisch-katholischer Spiritualität, hat aber andererseits deutlich Impulse der Reformation aufgenommen (oder analoge Anstöße selbst entwickelt): Das gilt vor allem im Blick auf die starke Betonung des Wortes Gottes, das allgemeine, gegenseitige und gemeinsame Priestertum der Gläubigen und die Wahrnehmung politischer Verantwortung.

5.2 Die lateinamerikanischen Theologen sind zu Wortführern einer Spiritualität der Befreiung geworden, die aber *in anderen Kontexten* in verschiedenen Varianten auftritt: In Nordamerika bildete sich fast zeitgleich eine „Schwarze Theologie" heraus; auch hier spielt das Exodus-Motiv eine wichtige Rolle. Südafrika hatte seinen eigenen Anlaß, nach Befreiung zu rufen; das Kairos-Dokument und dann das Damaskus-Papier gaben den Schrei so an die europäischen Kirchen weiter, daß er teilweise auch dort gehört wurde. In Korea hat sich eigenständig eine „Theologie des einfachen Volkes" („Minjung") formiert, die, obgleich protestantisch geprägt, mit den offiziellen Kirchen in einer ähnlichen Spannung steht wie die lateinamerikanische Befreiungstheologie mit Rom. Andererseits hat sich aber ebenso klar gezeigt, daß eine Spiritualität, die für die Befreiung aus konkreter Bedrängnis lebt, sich nicht beliebig verpflanzen läßt. In Europa und im weißen Nordamerika wurde sie trotz eines großen intellektuellen Interesses an ihr letztlich nicht aufgenommen.

5.3 Schließlich wurzelt — angesichts von unterentwickelten zwei Dritteln der Weltbevölkerung — die Spiritualität der Befreiung in einer *Ökumene der Armen und Entrechteten*. Schon innerhalb Lateinamerikas hatte man sich gefragt, inwieweit gläubige Christen und atheistisch orientierte Marxisten im selben „Geist" würden zusammenarbeiten können. Diese Frage stellt sich — mit jeweils unterschiedlichen Vorzeichen — heute weltweit. Auch der Buddhismus kennt Ansätze einer „Theologie der Befreiung"; sollten nicht die

Selbstverbrennungen buddhistischer Mönche in Vietnam Ausdruck einer „Befreiungsspiritualität" gewesen sein? Es bleibt abzuwarten, inwieweit der christliche Glaube Befreiungsbewegungen auf spezifische Weise auslösen, inspirieren oder profilieren kann. Befreiungstheologen greifen — es abwandelnd — ein altes Motto christlicher Spiritualität auf: „Gloria Dei — pauper vivens" — Gottes Ehre verwirklicht sich darin, daß er den Armen lebendig macht[68].

VI. Weibliche Spiritualität

Während sich selbst die Spiritualität der Befreiung noch in gewisser Weise einem konfessionellen Frömmigkeitstyp zuordnen läßt, nämlich dem römisch-katholischen, geht dies bei feministischen Ansätzen nicht mehr. Weibliche Spiritualität entzieht sich allen Zuordnungsmodellen, ja selbst der Definition. Schon eine geeignete Überschrift zu finden, ist schwierig; streng genommen, handelt es sich um „weibliche Spiritualität in feministischer Perspektive". Es wird zwar nicht unmöglich sein, diejenigen Fragen zu stellen, die auch hinsichtlich der konfessionell ausgeprägten Spiritualitäten von Belang waren. Stärker als im Blick auf diese wird hier aber zu beachten sein, daß die von feministischen Überzeugungen lebenden Spiritualitäten noch im Fluß sind, ja sich ohne einen ständigen Fluß weiterer Entfaltung gar nicht denken lassen. Dazu kommt, daß manche ihrer Vertreterinnen offenbar prinzipiell bereit sind, sich nicht nur von konfessionellen Vorgaben, sondern auch von bisherigen Grundprämissen des Christentums überhaupt zu trennen. Schließlich scheint es leichter, daß ein Protestant über orthodoxe oder römisch-katholische Frömmigkeit schreibt, als daß ein männlicher Autor feministisch orientierte Spiritualität sachgemäß zu erfassen vermag.

---

[68] J. Sobrino, in: E. Bonnín (siehe Anm. 52), 176.

1. Reise zum Selbst

Nicht ohne Grund stellen sich viele Äußerungen über weibliche Spiritualität in biographischem Gewand dar: Es geht um Lebensvorgänge, Entwicklungen, Entfaltungsprozesse — nicht selten höchst schmerzhafter Art. Eine Reihe von klassischen Fragen der Spiritualität — wie die nach dem Wirken des Geistes oder nach einer in Kult und Gebet zu gestaltenden Beziehung zu Gott scheinen zunächst ausgeschaltet. Ausgangspunkt, der zugleich die Schubkraft intensiver Suchbewegungen bereitstellt, ist das Leiden an der individuellen und gesellschaftlichen Situation von Frauen, die sich durch Männer bzw. das gesamte herrschende patriarchale System benachteiligt und ausgebeutet sehen. Verbunden damit ist ein Gefühl tiefer Entfremdung, die gerade auch durch die religiöse Sozialisation — also durch Theorie und Praxis konfessionell geprägter Spiritualitäten — bedingt erscheint. Bei katholischen Frauen macht sich der Protest an einer regressiven Marienfrömmigkeit fest oder an der Frage, wie denn ein zölibatär lebender Priester in der Lage sein soll, etwas zu ahnen „von den spirituellen Möglichkeiten der Frauen, die Kinder tragen, gebären, nähren und großziehen (können)", oder Frauen sogar geistlich zu beraten und zu führen[69]. Die Protestantin dagegen leidet darunter, „daß ich mit Leib und Seele, im Leben und im Sterben, NICHT MEIN, sondern MEINES TREUEN HEILANDES JESU CHRISTI EIGEN BIN" — wie sie es nämlich im Heidelberger Katechismus gelernt hat[70]. Frauen beginnen ihre spirituelle Reise mit dem Bewußtsein ihrer Entfremdung und dem entschlossenen Protest dagegen. Die Kraft dazu kommt aus einer neuen Selbstwahrnehmung, aus der Solidarität der Frauen, aus einer Vision umfassender Ganzheitlichkeit und aus der Entdeckung von neuen Identifikations- und Handlungsmöglichkeiten. Förmliche Rituale können sowohl der

---

[69] U. Krattiger, Die perlmutterne Mönchin. Reise in eine weibliche Spiritualität, Zürich 1983,23. Wichtige Literaturhinweise finden sich in E. Gössmann u.a. (Hg.), Wörterbuch der feministischen Theologie, Gütersloh 1991, 377f.
[70] O. Weber (Hg.), Der Heidelberger Katechismus, Gütersloh 1978, 15 (I. Frage).

Entfremdung als auch der Rückkehr zu weiblicher Identität Ausdruck verleihen. Ein Beispiel:

> „— *Eine Teilnehmerin des Rituals hebt ein Make-up-Köfferchen hoch: Das ist das Bild des koketten Mädchens, das gelernt hat, seinen Körper als Sexualobjekt herzurichten ...*
> — *Eine Plastikflasche mit Allzweckreiniger wird gezeigt: Das ist das Bild des weiblichen Arbeitstiers ...*
> — *Ein zerbrochener Federhalter wird hochgehalten: Das ist das Bild der Frau, die bereitwillig ihren Berufs- und Bildungsehrgeiz aufgab ...*
> — *Das Bild einer Frau, deren Mund mit Heftpflaster zugeklebt ist, wird hochgehalten: Das ist das Bild der Frau, die nicht protestiert, wenn sie sexistische Sprache und anzügliche Bemerkungen mit anhören muß ...*
> *Nach jeder Erklärung verharrt die Gruppe eine Weile in schweigender Meditation ...*"
> (*Aus dem „Ritual der Bewußtseinsreinigung von der Verschmutzung des Sexismus").*[71]

1.1 Die *Bejahung des eigenen Lebens* einschließlich der eigenen Geschlechtlichkeit steht am Anfang: „der mensch meines lebens bin ich" (Verena Stefan). Feministische Spiritualität sieht sich im Kontext humanistischer Psychologie, sofern diese auf Selbstverwirklichung, Selbstbestimmung und radikale Eigenverantwortung abhebt: „Was ein Mensch sein kann, muß er sein" (A. Maslow). Solche Selbstbejahung ist nicht zu haben ohne die Verneinung und Abweisung alles dessen, was das Selbst bisher geknechtet hat. Die Entfremdung einzugestehen, schmerzt, da sich die Erfahrung des bisherigen Nicht-Seins damit verbinden kann. Gerade die Entdeckung der Fähigkeit zu Rebellion und Neugestaltung entbindet aber auch Kräfte. „Ich bin mein, MEIN EIGEN! Das ist der Jubel, das Glück, die Ekstase der Selbst-Bewußtwerdung von Frauen, der wahre und tiefe Eros der Frauenbewe-

---

[71] In: Rosemary Redford Ruether, Unsere Wunden heilen, unsere Befreiung feiern. Rituale in der Frauenkirche, Stuttgart 1988, 154.

gung! Eigentlich geht es ‚nur‘ — nur! — darum, daß Frauen Subjekte, Selbste werden. Alles andere ist — wortwörtlich: sekundär, folgt daraus, ergibt sich daraus"[72].

1.2 Die *Solidarisierung von Frauen* stellt ein zusätzliches Kraftpotential dar. Frauen finden „Schwestern", ja geistliche „Mütter". Die „communio sanctarum" wird entdeckt. Feministische Literatur wendet sich oft ausdrücklich an Frauen, die für den neuen Weg gewonnen werden sollen. Bärbel von Wartenberg-Potter spricht über „die kleinen Heiligen, die Johannas von Orleans, der Schlachthöfe und Slums, die lebenden und die toten, die Schwestern und Mütter, die leiblichen und die geistigen, die auf Straßen, vor Militärkasernen, an Hochschulen und Parlamenten und Synoden, an der Schreibmaschine, am Kochtopf und am Krankenbett, auf dem Feld, in der Fabrik, im Busch, in Dreck und Not die beherzte Konfrontation vorantreiben." Sie wendet sich „an die ‚Theas‘ in der Theologenkirche": „Also, ihr Frauen, ihr könnt getrost sein, die Kirche braucht euch ..."[73]. Aber nicht wenigen Frauen wird es auch in den von Männern beherrschten Kirchen zu eng: „Wo zwei oder drei sich selbst behauptende Frauen in unserem eigenen Namen zusammenkommen, da zünden wir unser eigenes Feuer an" (M. Daly[74]).

1.3 *Neue Identifikationsmöglichkeiten* werden von Frauen für Frauen entdeckt. Die Bibel, ein für Frauen „garstiges Buch" (C. J. M. Halkes), wird in ihren patriarchalen Tendenzen angeprangert, andererseits aber auch neu angeeignet, ggf. durch „Hexegese" statt „Exegese". Die Frauen in der Bibel, insbesondere diejenigen um Jesus, werden neu gewürdigt. Weibliche Züge auch des traditionellen Gottesbildes kommen zu Bewußtsein, die Beziehung zwischen Gottes Barmherzigkeit und dem hebräischen Begriff für Gebärmutter, die — im Hebräischen weibliche — „heilige Geistin", Sophia, die Inkarnation der Weisheit. Jesus, der Mann, hat

---

72 U. Krattiger, a.a.O. (siehe Anm. 69), 100.
73 B. v. Wartenberg-Potter, Wir werden unsere Harfen nicht an die Weiden hängen. Engagement und Spiritualität, Stuttgart 1986, 26, 55.
74 Zitiert nach U. Krattiger, a.a.O. (siehe Anm. 69), 73.

von Frauen gelernt! Aber es bleibt die skeptische Frage, ob ein männlicher Erlöser wirklich Frauen erlösen kann. Auch die Geschichte der Kirche läßt sich feministisch lesen: Der Blick fällt dann vor allem auf große Heilige und Mystikerinnen wie Mechthild von Magdeburg oder Hildegard von Bingen. Vor allem aber gerät Maria, die Mutter Jesu, in einen völlig neuen Kontext: Im römischen Katholizismus zu einem asexuellen Wesen geworden, das als Inbegriff von Demut, Reinheit und Hingabe zur Domestizierung von Frauen benutzt werden konnte, tritt sie nun als die selbstbewußte und eigenständige Frau auf den Plan, unabhängig vom Mann selbst bei der Empfängnis, aufrührerische Sängerin des Magnificat (besonders Lk 1,51-53), oder als die weise Frau, deren wahres Wesen ausgerechnet von den Beatles mit besonderer Sensibilität erfaßt worden sei: „When I find myself in times of trouble / Mother Mary comes to me, / Speaking words of wisdom, let it be. / And in my hour of darkness / She is standing right in front of me, Whispering words of wisdom, let it be ..."

Die Suchbewegung feministischer Spiritualität geht über die Grenzen des historischen Christentums freilich auch hinaus, längst tot geglaubte Göttinnen kehren ins weibliche Bewußtsein zurück, Ischtar und Demeter, die „Große Mutter". Maria, Ischtar und die Mondin vereinen sich zu einem Symbol für den „Schoß aller Dinge". Stellen nicht auch Heiligenschein und Mandorla, die — übrigens nicht nur — in der christlichen Kunst die Darstellung der Heiligen und der Gottheit umgeben, letztlich die Vulva dar, aus der alles Leben kommt? Schließlich dienen archäologische Funde wie die Venus von Willendorf als Hinweis auf eine matriarchale Kultur, die die Menschheit länger und tiefer geformt habe als das nur wenige Tausend Jahre alte Patriarchat. Im übrigen seien selbst die Föten in ihrer ersten Lebensphase weiblich und differenzierten sich erst dann in zwei Geschlechter aus. Das Weiblich-Mütterliche wird als der Grund der „mater-ia" erkannt. Die Spiritualität des Christentums, die nach feministischer Überzeugung ohnehin von männlicher Überfremdung gereinigt werden muß, kann bei dem spirituellen Aufbruch von Frauen offenbar nur begrenzt Hilfe leisten. In welcher Gestalt und in welchen Vollzügen formiert er sich?

2. Der Weg ist das Ziel

Die traditionellen Formen von Askese und christlicher Frömmigkeit kommen nur noch am Rande in Frage. Das herkömmliche Gebet zu Gott, dem Vater Jesu Christi, kann dann übergehen in gelenkte oder gegenstandslose Meditation und in Trance. Neue Versammlungsformen, in denen Frauen — ggf. unter Ausschluß von Männern — ihre eigenen Anliegen und Einsichten beraten, können wichtiger werden als die traditionellen Gottesdienstangebote. Biblische Texte werden in Frauengruppen auf ihre feministische Relevanz hin untersucht und gewürdigt. Elisabeth Schüssler-Fiorenza findet: „Im Brechen des Brotes und im gemeinsamen Trinken verkünden wir nicht nur das Leiden und die Auferstehung Christi, sondern feiern wir auch das Leiden und die Auferstehung von Frauen in der biblischen Religion". Auch die Taufe kann in diesem Zusammenhang in Anspruch genommen werden; denn in ihr geht es um die „Berufung zur Nachfolge von Gleichgestellten." Daß an dieser Stelle ein erhebliches Konfliktpotential mit dem römisch-katholischen und auch mit dem orthodoxen Amtsverständnis vorliegt, ist offensichtlich. Weibliche Spiritualität versteht sich vorrangig als kritische Spiritualität — kritisch gegenüber allen religiösen Traditionen und Ritualen, die durch männliche Herrschaftsansprüche verdorben sein könnten. Wie die lateinamerikanische Spiritualität der Befreiung ist sie „Exodus-Spiritualität"; der biblische Bericht vom Exodus „ruft Frauen auf, aus der Geborgenheit des Heims auszuziehen, den Dienst an der patriarchalen Familie zu verlassen und die Sicherheiten patriarchaler Religion aufzugeben"[75].

Neue spirituelle Wege werden gesucht im Bereich von Bewußtwerdung, Sprache, symbolischer Vergewisserung und Ritus.

2.1 Einer wachsenden Bewußtwerdung dient neben der klaren gesellschaftlichen Analyse insbesondere die Begegnung mit dem *Unbewußten*. Der Königsweg dahin ist —

---

[75] E.Schüssler-Fiorenza, Zu ihrem Gedächtnis ... Eine feministisch-theologische Rekonstruktion der christlichen Ursprünge, München/Mainz 1988, 417, 409, 414.

nach Sigmund Freud — der Traum: Eine neue Achtsamkeit auf das Traumgeschehen lehrt, die „vergessene Sprache Gottes" zu entschlüsseln und allmählich zu verstehen. Das täglich geführte Traumtagebuch leistet dabei gute Dienste. Eine neue Bewußtheit auch im Blick auf das Tagesgeschehen entsteht. Imagination und Kreativität werden angeregt. Ich lerne sehen „mit dem Auge im Bauch" (M. Kassel; vgl. unten S. 86).

2.2 Die *Sprache* muß von ihren sexistischen Elementen gereinigt werden. Das gilt insbesondere für die Sprache des christlichen Glaubens. Wo bleiben in der liturgischen Sprache der Gottesdienste neben den „Brüdern" die „Schwestern" — die ohnehin die Mehrzahl der Anwesenden darstellen? Warum wird, wenn vom Christen die Rede ist, die Christin nicht eigens genannt? Ist es nicht sachgemäßer, künftig von ChristInnen zu sprechen? Wieso wird Gott nahezu ausschließlich als „Vater" angeredet? Ist er nicht in derselben Weise — sogar laut biblischer Tradition (Jes 66,13) — auch „Mutter"?

„*MUTTERUNSERE*

Heilige Mutter MATER-ia,
Du bist Himmel und Erde,
Feuer, Wasser, Luft und Geist,
die EINE mit vielen Namen,
Inanna, Ishtar, Lilith, Eva, Maria,
die ekstatische Verschmelzung von Göttin und Gott,
die alles gebiert.

Alles, was wir aus Freude und Liebe tun,
sind Deine Rituale,
Du liebst uns immer bedingungslos,
auch wenn wir uns von Dir abwenden.

Du bist die reiche Erde,
die Gesundheit und Glück besitzt,
die mächtiger ist als alle ihre Kreaturen.
Du lehrst Deine Töchter, daß Du unsere Seele bist,
die MANN nicht mit Stiefeln zertritt. ...

Du bist die Kraft in allem,
unsere Schwester, Geliebte und weise Alte,
die tollkühn liebende Jungfrau,
die kosmische Mutter alles Lebendigen,
die uralte Weisheit und die Liebe und das
Vertrauen und die Offenheit
in ewiger Glückseligkeit. AMEN"[76]

Selbst der eigene Taufname wird gegebenenfalls als verän-
derungsbedürftig erkannt: Aus „Helga" wird „Elga", aus
dem verniedlichenden „Ursula" wird „Ursa", die Bärin.

2.3 Neue *Symbole und Riten* werden gesucht und gefunden. Biblisch-christliche Quellen werden dabei nicht gänzlich verworfen, aber um verschüttetes Gut aus dem kanaanäi-
schen Kulturbereich oder aus der Gnosis ergänzt. „Sophia"
wird als wichtiges Symbol erkannt, aber auch die Schlange.
Der Mond, „die Mondin", wird zum psychosomatischen
Erleben der Frau in Beziehung gesetzt. Rituale können sich
damit verbinden. „Das Be-Denken und Feiern unseres
Zyklus könnte uns wieder stärker mit den zyklischen Rhyth-
men der Natur verbinden" (U. Krattiger[77]). Singen und Tan-
zen, aber ebenso Berühren und Spielen werden Ausdruck
einer neuen, lebensbejahenden Spiritualität. Heilrituale für
mißhandelte und vergewaltigte Frauen, für Inzestopfer, für
Abtreibung, Scheidung, bei der Geburt eines Kindes und bei
einer Fehlgeburt, für Lebensbündnisse und besondere Zeiten
im Leben einer Frau werden entworfen und gefeiert.[78]

---

[76] E. Sorge, Religion und Frau. Weibliche Spiritualität im Christentum, Stuttgart ³1987, 91.
[77] U. Krattiger, a.a.O. (siehe Anm. 69), 69f.
[78] Vgl. R.R. Ruether (siehe Anm. 71) sowie die nicht unter christlicher Perspektive vorgetragenen Vorschläge in: H. Iglehart, Weibliche Spiritualität. Traumarbeit, Meditationen und Rituale, München
1987.

3. Unterwegs zu Freiheit, Beziehung und umfassender Ganzheitlichkeit

Die Vision einer umfassenden Ganzheitlichkeit gibt dem spirituellen Aufbruch der Frauen Richtung und Ziel. Leben, das grünen und blühen möchte, soll nicht länger daran gehindert, ins Dunkel abgeschoben, verdrängt oder gar gekappt werden. Es soll wachsen und sich frei entfalten dürfen. Leben heißt Fülle, und Gott, der selber so sehr die Fülle ist, daß dies jeden Gottesbegriff sprengt, liebt die Fülle — und er liebt die Menschen, die sich zur Fülle entfalten. Die Risse und Brüche, die das patriarchale System in die Welt gebracht hat, sollen überwunden, Abgespaltenes wieder integriert, Erstorbenes wieder mit Leben erfüllt werden.

3.1 *Kopf und Bauch* müssen wieder miteinander versöhnt werden. Der Verstand, von den Männern zu Ordnungs- und Herrschaftszwecken isoliert, braucht die Nähe der Intuition nicht zu fürchten, ja er ist auf sie angewiesen, wenn die Menschheit nicht an zerstörerischen Verstandeskapazitäten zugrunde gehen soll. „Vernunft" und „Weisheit" sind weiblicher Natur! Maria Kassel plädiert für das „Auge im Bauch" und fragt, „ob bzw. mit welchen Inhalten das Christentum das spirituelle Sehen mit dem Auge im Bauch ermöglicht oder es fördern kann, oder ob es dieses vielleicht behindert." Es geht ihr aber nicht nur um die Wiederbegegnung von Rationalität und psychischer Wirklichkeit: Alles Abgespaltene muß heimgeholt werden — die Sexualität, die Unterwelt, der „Schatten". Eine von Männern bestimmte Theologie sei regelrecht fixiert auf die Feindschaft gegen den Tod; etwa Paulus müsse man daher fragen, ob er mit seinen Aussagen über die Überwindung des Todes als des „letzten Feindes" (1 Kor 15,26) nicht eine typisch „männliche Theologie gegen die Gesetze der Natur und des Lebens macht"[79]. An die Stelle „männlicher Todesbesessenheit" (M. Kassel) soll eine „leib-" und „lebenliebende Spiritualität" (E. Sorge[80]) treten!

---

[79] M. Kassel, Das Auge im Bauch. Erfahrungen mit tiefenpsychologischer Spiritualität, Olten 1986,196.
[80] E. Sorge, a.a.O. (siehe Anm. 76), 77ff.

3.2 Die Ganzheitlichkeit muß sich aber auch *gesellschaftlich* bewähren. Es genügt nicht, daß die Verhältnisse einfach umgestülpt werden und daß nunmehr die Frauen die Macht übernehmen, die bisher die Männer inne hatten. Das Weibliche wie das Männliche muß als anthropologische Grundkategorie erkannt und gewürdigt werden. Wechselseitige Projektionen lösen sich auf, Hierarchien werden abgeschafft. Frauen wie Männer müssen, um dies zu erreichen, Buße tun: Frauen müssen ihre Lust, sich zerstören zu lassen, Männer ihre Lust am Zerstören überwinden. Daß es dabei um ein im weitesten Sinn „ökumenisches" Anliegen geht, ist offensichtlich: Die erstrebte neue weibliche Spiritualität läßt sich weder durch Konfessionen noch durch Religionen eingrenzen; im Gegenteil, sie macht sich Einsichten aus allen Kulturen zunutze. Weibliche Spiritualität lebt im Horizont einer heraufkommenden neuen Menschheit.

3.3 Eine ganzheitliche Spiritualität bezieht schließlich auch die *außermenschliche Natur,* ja den Kosmos in ihr Denken und Fühlen ein. Werden und Vergehen werden als Gesetze des Lebens erfaßt; der Tod wird bejaht und angenommen. Die Unterwelt hat ihre Schrecken verloren; nur eine irregeleitete christliche Spiritualität konnte aus dem, was „in archaischen weiblichen Religionen der Mutterschoß der Erde als Ort der Wandlung des gestorbenen Lebens zur Wiedergeburt war", einen Ort „grauenhafter Torturen" machen (M. Kassel[81]). Das Leben in allen seinen Ausprägungen kann bejaht und geliebt werden, wenn man sich dessen bewußt ist, daß alles Seiende zu seinem schöpferischen Urgrund in Beziehung steht. Alle Prozesse des Werdens und Vergehens hängen miteinander zusammen und vollziehen sich auf dem mütterlichen Urgrund des Seins. Die Nähe weiblicher Spiritualität zu einem mystischen Wissen um eine allgemeine Interdependenz, um die Zusammengehörigkeit von allem mit allem, um das große Wechselspiel zwischen allem Lebendigen, wird hier sichtbar.

---

[81] M. Kassel, a.a.O. (siehe Anm. 79), 195.

4. Probleme

Die Binnenprobleme weiblicher Spiritualität lassen sich schwer erfassen, da es sich um eine neue und ständig im Fluß befindliche Bewegung handelt, die sich noch dazu in einer Vielzahl von unterschiedlichen und z. T. auch einander widersprechenden Strömungen Bahn bricht. Daß ein männlicher Autor hier überhaupt sachgemäß zu urteilen vermag, würden nicht wenige Feministinnen rundweg bestreiten. Dies aber stellt bereits ein Grundproblem feministisch inspirierter Spiritualität dar. Steht sie in Gefahr, sich gegen von Männern vorgebrachte Kritik zu immunisieren? Aber auch feministische Selbstkritik kommt bislang kaum zustande. Die vorrangig zu klärenden Probleme dürften in drei Bereichen liegen:

4.1 Wie ist unter der Perspektive weiblicher Spiritualität das *Verhältnis der Geschlechter* zu gestalten? In der Anfangsphase des Feminismus kam seitens der Männer rasch der Verdacht auf, es handle sich hier nur um einen Kampf um gesellschaftliche (und kirchliche) Macht, um eine Art „Gegensexismus". Es gibt Feministinnen, die diese Sicht durchaus bejahen; andere dagegen setzen im Sinne eines neu zu schaffenden androgynen Menschentyps auf Integration: Jeder Mensch müsse zunächst einmal in sich selbst weibliche und männliche Anteile entdecken, zulassen und miteinander ins Gespräch bringen. Wie sich die beiden Konzepte zueinander verhalten, scheint noch ungeklärt.

4.2 Psychologie und Soziologie haben der feministischen Bewegung wichtige Handlanger-Dienste geleistet. Mit diesen beiden *Humanwissenschaften* sind aber zugleich Bereiche genannt, die in der weiblichen Spiritualität zu unterschiedlichen Schwerpunkten führen können. Sollen Belange der Psyche oder gesellschaftliche Notwendigkeiten im Vordergrund stehen? Braucht es primär eine Spiritualität der Selbstentfaltung oder eine Spiritualität des Kampfs, die den feministischen Aufbruch den Befreiungsbewegungen zuordnen würde? Wie verhält sich beides zueinander?

In jedem Fall geht es gesellschaftlich und kirchlich darum, daß Frauen die ihnen zustehende Macht in Anspruch nehmen, während die Männer von ihrer Herrschaft abzutreten haben. Den Männern kommt dabei eine eher negativ zu bestimmende Rolle zu; die Frage nach einer neuen, positiv gefüllten Spiritualität von Männern wird nur gestreift. Ob es zur Ausbildung einer von Männern zu entdeckenden, eigenen männer-spezifischen christlichen Spiritualität kommen wird, ist mehr als fraglich. Unbefangene Leser und Leserinnen feministischer Publikationen dürften zudem den Eindruck gewinnen, daß diese sich im Grunde nur an Frauen einer bestimmten Schicht der euro-amerikanischen Gesellschaft und einer begrenzten Altersstufe wendet. Afrikanische Frauen, die sich auf dem Weg zu einem neuen Selbstbewußtsein befinden, urteilen beispielsweise weit stärker gemeinschaftsbezogen. Fragen des Alterns und Sterbens („Heimkehr zur Mutter") werden in der europäischen und nordamerikanischen feministischen Literatur vergleichsweise selten berührt. Schließlich fällt auf, daß die Autorinnen viel von „Geboren werden", aber nur wenig vom „Gebären" schreiben, daß sie in geradezu hymnischen Worten von der Menstruation sprechen, von einem Kind, dem sie das Leben schenken wollen, aber so gut wie nie.

> *„Gebet*
> *Gott, wohin sollen wir gehen?*
> *Du hast Wege lebendigen Lebens.*
> *Du kennst unsere Ängste:*
> *ein Kind zu bekommen,*
> *kein Kind zu bekommen.*
> *Du siehst unsere Kliniken,*
> *wo verzweifelte Frauen abtreiben*
> *und andere ebenso verzweifelt*
> *sich der großen Maschine unterwerfen.*
> *Gott, wohin sollen wir gehen?*
> *Du hast Wege lebendigen Lebens,*
> *zeig sie uns,*
> *wir werden sie gehen*
> *ohne Angst vor denen,*
> *die unsere Körper verwalten*
> *und unsere Seelen kleinhalten."* [82]

---

[82] In: L. Schottroff, D. Sölle, Hannas Aufbruch. Aus der Arbeit feministischer Befreiungstheologie: Bibelarbeiten, Meditationen, Gebete, Gütersloh 1990, 101.

4.3 Leitlinien *traditioneller christlicher Spiritualität* werden relativiert oder außer Kraft gesetzt; das gehört zum Programm und könnte der Weiterentwicklung christlicher Frömmigkeit durchaus dienlich sein. Trotzdem erhebt sich natürlich die Frage, wodurch christliche Spiritualität ihre Identität wahrt bzw. gewinnt. Führt weibliche Spiritualität zu einer Verlebendigung erstarrter Formen geistlichen Lebens oder stellt sie für religiös motivierte Frauen einen sie faszinierenden Weg aus der Kirche hinaus dar, wie ihn immerhin einige der Wortführerinnen des Feminismus gegangen sind? Feministinnen sind sich an dieser Stelle nicht einig. Diejenigen, die sich für eine am Neuen Testament orientierte „Ekklesia der Frauen" (E. Schüssler-Fiorenza) entscheiden, werden zu klären haben, wie sie die großen spirituellen Traditionen des Christentums bzw. seiner verschiedenen Konfessionen aufnehmen oder abstoßen, erschließen, nutzen oder verwandeln wollen.

5. Entfaltungs- und Integrationsmöglichkeiten

Weibliche Spiritualität kann für die überkommene christliche Frömmigkeit einen gewaltigen Innovationsschub darstellen. Uneingelöste Impulse aus der biblischen Tradition, Einsichten der Reformation und Erfahrungen aus der lateinamerikanischen Befreiungstheologie werden hier zum Zuge gebracht: das Wissen um die Gabe der Charismen und die Berufung zum uneingeschränkten allgemeinen, gegenseitigen und gemeinsamen Priestertum. Der Weg des Glaubens wird — ein altes Anliegen christlicher Spiritualität — als Prozeß, als eine zurückzulegende Strecke, als ein Wachstumsgeschehen erfaßt. Daß weibliche Spiritualität als solche ein „ökumenisches" Phänomen darstellt, versteht sich von selbst: Traditionelle Grenzen zwischen Konfessionen können hier keine Rolle mehr spielen. Es gilt ja, „die strukturell-patriarchalen Dualismen zwischen Jüdinnen und Christinnen, Laiinnenfrauen (!) und Ordensfrauen, ‚Hausfrauen' und ‚Karrierefrauen', zwischen aktiven und kontemplativen, zwischen protestantischen und katholischen Frauen, zwischen verheirateten und alleinstehenden Frauen, zwischen biologischen und geistlichen Müttern, zwischen heterosexuell und lesbisch lebenden Frauen, zwischen Kirche und Welt, zwischen sakral und säkular" zu überwinden (E. Schüssler-Fiorenza[83]). Das feministische Plädoyer für Beziehung, Integration und Ganzheitlichkeit geht Hand in Hand mit einer allgemeinen Bewußtseinsveränderung jedenfalls in der westlichen Welt: Männlich dominiertes Effektivitätsdenken ruft, nachdem es bis zur ökologischen Katastrophe hin durchschlagend erfolgreich war, nach Ablösung durch ein Modell schützender und integrierender Spiritualität. So gesehen, hat auch die christliche Spiritualität gerade in ihren weiblichen Elementen und Verwirklichungen eine globale Aufgabe.

---

[83] A.a.O. (siehe Anm. 75), 415.

B SPIRITUELLE
ÖKUMENISCHE PROZESSE

I. Historische Entwicklungen

1. Kollusionsphänomene

Der Begriff „Kollusion" ("Zusammen-Spiel") wurde von
P. Lengsfeld vorgeschlagen zur Kennzeichnung von ökumenischen Prozessen, die ungeplant und nicht intendiert zu
Austausch und Assimilation führen. Aufgrund von Erfahrungen des alltäglichen Zusammenlebens von Angehörigen
unterschiedlicher Konfessionen verändern sich Verhaltensweisen und gegenseitige Einschätzung nahezu von selbst[84].
Gerade im Bereich von Frömmigkeit/Spiritualität stoßen
unterschiedliche Praxen und Prioritäten einerseits scharf aufeinander, gleichen sich aber andererseits oft auch aufgrund
unbewußter Gemeinsamkeiten und unterschwelliger Strömungen einander an. Das läßt sich auch an der Geschichte
der Christenheit beobachten.

1.1 Daß ost- und westkirchliche, aber auch altkirchlich
und reformatorisch geprägte Spiritualität trotz gravierender
Unterschiede im einzelnen viel *Gemeinsames* haben, muß
nicht eigens belegt werden. Im Zusammenhang des Konfes-
sionalismus und der ihn ablösenden Dialoge hat man sich
angewöhnt, die konfessionellen Unterschiede als eine Frage

---

[84] P. Lengsfeld, Ökumenische Theologie. Ein Arbeitsbuch, Stuttgart 1980, 36-67.

primär der Lehre zu sehen. In Wahrheit geht es dabei aber mindestens genau so stark um die der Lehre bzw. dem Bekenntnis zugrundeliegende Spiritualität. Luthers Kampf hatte einer „besseren", nämlich dem Evangelium tatsächlich entsprechenden Frömmigkeit gegolten. Nicht von ungefähr stand die Auseinandersetzung um Ablaß und wahre Buße am Anfang der Reformation. Luthers Frage nach dem gnädigen Gott war die Frage eines frommen Menschen, dem schließlich aufging, daß eine dem Evangelium entsprechende Frömmigkeit nicht Voraussetzung, sondern immer nur die selbstverständliche Antwort auf die im Glauben angenommene Gnade Gottes sein konnte. Zeugnisse solcher Frömmigkeit fand Luther natürlich auch in der ihm vorausgehenden Geschichte der Kirche, bei Bernhard von Clairvaux und Augustin, bei den Hussiten und in der Ostkirche. Insofern bestand hier kein „konfessioneller Gegensatz". Umgekehrt ist es merkwürdig genug, daß aber selbst Ignatius von Loyola, einer der schärfsten Gegner der Reformation, der lutherischen Häresie verdächtigt wurde; der Mystiker Johannes vom Kreuz gilt als „Protestant" unter den Katholiken.

1.2 Unter den Kollusionsphänomenen der *späteren Entwicklung* ist vor allem der Einfluß der Mystik auf die reformatorisch geprägten Kirchen zu nennen. Schon *Luther* hatte Johannes Tauler und die „Theologia deutsch" hoch geschätzt. Zu Beginn des 17. Jahrhunderts entdecken lutherische Autoren die Quellen einer mystischen Frömmigkeit neu. Der Erbauungsschriftsteller Johann Arndt stützt sich auf Vertreter der Deutschen Mystik, aber auch auf Texte von Angela da Foligno oder Valentin Weigel; der Liederdichter Philipp Nicolai ist teilweise an pseudoaugustinischer und pseudobernhardinischer Literatur orientiert[85]. Gerhard Tersteegen öffnet sich der romanischen Spiritualität, er gibt „Lebens-Beschreibungen heiliger Seelen" heraus und ist

---

[85] Vgl. W. Zeller, Luthertum und Mystik. Von Johann Tauler bis Matthias Claudius, in: H. Reller, M. Seitz (Hg.), Herausforderung: Religiöse Erfahrung. Vom Verhältnis evangelischer Frömmigkeit zu Meditation und Mystik, Göttingen 1980, 97-125. Zu Tersteegen vgl. H. Ludewig, Gebet und Gotteserfahrung bei Gerhard Tersteegen, Göttingen 1986.

schließlich weit stärker, als man dies bisher angenommen hat, von ostkirchlicher Frömmigkeit inspiriert. Mystische Frömmigkeit findet Eingang in das evangelische Kirchenlied, und „unio mystica" ist ein keineswegs verschmähtes Stichwort in der orthodoxen lutherischen Dogmatik.

In der Begegnung zwischen *ostkirchlicher Spiritualität und Protestantismus* hat die russische Kirche anders reagiert als die griechische, doch wechselseitige spirituelle Beziehungen gibt es in beiden Fällen. Zar Peter d. Gr. hat sich bei seinen kirchlichen Reformvorhaben auf eine z. T. höchst problematische Weise an protestantisch-anglikanischen Vorlagen orientiert; doch ist auch die stärkere Stellung der Laien und die spirituelle Ekklesiologie beispielsweise bei A. S. Chomjakov nicht ohne eine positive Berührung mit dem Protestantismus zu verstehen. Ebenso für die russische Kirchenmusik hat diese Begegnung ihre Auswirkungen gehabt. Die griechische Kirche hat trotz gewisser Reserven gegenüber protestantischen Evangelisationsbemühungen Anregungen aus dem Pietismus wenigstens begrenzt aufgenommen. Die beiden apostolischen Bewegungen „Zoi" und „Sotir", in manchem evangelikalen Gruppierungen vergleichbar, geben noch immer davon Zeugnis.

Dem *römischen Katholizismus* fiel es nicht schwer, ostkirchliche Spiritualität zu integrieren; man kann, wie dies in den Benediktiner-Abteien von Niederaltaich in Deutschland oder Chevetogne in Belgien vorgeführt wird, durchaus als römisch-katholischer Christ in ostkirchlichem Geist und nach ostkirchlichem Ritus seinen Glauben leben. Die Frage der Uniaten scheint eher ein Machtproblem als eine spirituelle Grenze darzustellen. Eine grundsätzliche Bereitschaft zur Öffnung für Anliegen protestantischer Spiritualität ist im Katholizismus spätestens seit dem II. Vatikanischen Konzil zu beobachten. Ursprünglich evangelisches Liedgut ist in die katholischen Gesangbücher eingedrungen, die gottesdienstliche Predigt und die private Schriftlesung haben einen neuen Stellenwert gewonnen, die Idee des Laienapostolats nimmt reformatorische Anregungen auf — man hat gefragt, ob mit dem II. Vatikanum Martin Luther „sein Konzil" gefunden habe (A. Brandenburg).

1.3 Eine neue Qualität haben die innerchristlichen Kollusionsbewegungen durch das gemeinsame Zeugnis in *Verfolgungszeiten* und durch die zunehmend gemeinsam wahrgenommene *Weltverantwortung* bekommen. 1886 sind in Uganda römisch-katholische und anglikanische Christen gemeinsam in den Tod gegangen. Im Zuge der russischen Revolution fanden sich lutherische und russisch-orthodoxe Geistliche im selben Gefängnis wieder. Kurz vor seiner Erschießung stellte der russisch-orthdox Bischof Platon bewegt fest, die Grenzen zwischen den Konfessionen würden ja nicht bis in den Himmel reichen. Die gemeinsamen Erfahrungen des Widerstands und das gemeinsame Leiden in den Konzentrationslagern der NS-Zeit hat viel Verständnis für die Spiritualität der jeweils anderen Konfession geweckt und freigesetzt. Im sogen. Lübecker Christen-Prozeß wurden drei katholische Kapläne und ein evangelischer Pfarrer im Abstand von Minuten auf dem Schafott hingerichtet, so daß ihr Blut buchstäblich ineinander floß.

Neben dem gemeinsamen Leiden wurde aber mehr und mehr auch die gemeinsame Aufgabe entdeckt. Der konziliare Prozeß für Gerechtigkeit, Frieden und Bewahrung der Schöpfung muß in seinen Ursprüngen als eine spirituelle Basisbewegung verstanden werden. Impulse aus dem Engagement für die Befreiung und aus der feministisch inspirierten Spiritualität, die sich auf alle Kirchen und Konfessionen ausgewirkt haben, kommen hier zum Tragen.

2. Offizielle Stellungnahmen

In den offiziellen Dialogen — seit der Reformationszeit, ja seit den spätmittelalterlichen Unionsverhandlungen zwischen West- und Ostkirche — hat die Spiritualität einen eindeutigen Ort noch nicht gefunden. Im Verhältnis zwischen Byzanz und Rom scheint nicht die Spiritualität, sondern das Credo bzw. die Machtfrage das entscheidende Hindernis dargestellt zu haben. Im Zeitalter der Reformation legte sich für das interkonfessionelle Gespräch, soweit es überhaupt stattfand, die sogen. Konvergenzmethode nahe, wie sie sich vom Marburger und vom Regensburger Religionsgespräch an als möglicher Weg zur Annäherung empfohlen hatte. Man untersuchte, in welchen Punkten der Lehre man übereinstimmen konnte, wobei insbesondere für die Gesprächsteilnehmer aus den Reformationskirchen die wahre, sachgemäße Frömmigkeit in der Entfaltung des existentiellen Bezugs zum recht verstandenen Evangelium bestand. Da die Identifikation von Frömmigkeit und existentieller Übernahme des Bekenntnisses, wie sie die Protestanten verstanden, von den Katholiken so nicht geteilt wurde, hatten die Bekenntnisformeln, um die man rang, bei den Gesprächspartnern einen unterschiedlichen Stellenwert; der für das evangelische Verständnis von Lehre konstitutive Existenzbezug wurde aber von den Protestanten selbst oft nicht mehr explizit zur Geltung gebracht, so daß man schließlich um Lehrformeln stritt und die Spiritualität mehr und mehr außer acht ließ. Zum eigentlichen Thema wird ökumenische Spiritualität ansatzweise in der sogen. Irenik, dann wieder in den Anfängen der Ökumenischen Bewegung und schließlich in der ökumenischen Entwicklung besonders nach dem II. Vatikanischen Konzil bzw. nach der IV. Vollversammlung des ÖRK in Uppsala 1968. Die in der ersten Jahrhunderthälfte innerhalb der evangelischen Kirchen gegründeten Kommunitäten haben der Ökumene durch ihre spirituelle Ausrichtung einen unschätzbaren Dienst geleistet. Der besondere Beitrag der Kommunität von Taizé ist hinsichtlich seiner ökumenischen Bedeutung noch nicht zu ermessen.

2.1 Die *Irenik des 16. und 17. Jahrhunderts* speist sich weitgehend aus dem humanistischen Geist des Erasmus von Rotterdam, ist stark ethisch bestimmt und verweist in gewisser Weise voraus auf das Toleranz-Ethos der Aufklärung, wie es im Blick auf das Verhältnis der Religionen in Lessings Ringparabel zum Ausdruck kommen sollte. Unter den Reformatoren war es besonders Martin Bucer, der die praktische Religiosität betonte. Die großen reformierten Vertreter der Irenik wie David Paraeus oder Franciscus Junius ebenso wie später der Lutheraner Georg Calixt dachten eher an eine Konzentration der Lehre auf deren fundamentale Aussagen als an die konfessionell geprägte bzw. an eine konfessionsübergreifende Frömmigkeit. Sie arbeiteten im Geist einer irenischen Spiritualität, ohne diese selbst zu thematisieren.

2.2 Die *Anfänge der ökumenischen Bewegung* gehen ohne Frage auf starke spirituelle Impulse zurück. Der Weltbund Christlicher Vereine Junger Männer war ausdrücklich unter überkonfessionellen geistlichen Zielsetzungen gegründet worden (Pariser Basis 1855). Das Engagement für die Mission in den verschiedenen Kirchen machte die Frage nach dem gemeinsamen Geist, in dem das Evangelium bezeugt werden sollte, unumgänglich (Weltmissionskonferenz 1910). Nicht anders war es bei der Sorge um den Frieden. Die erste Weltkonferenz für Praktisches Christentum in Stockholm 1925 hatte ursprünglich unter dem Motto gestanden: „Communio in adorando et serviendo oecumenica" — „Ökumenische Gemeinschaft in Anbetung und Dienst". In ihrer Botschaft hieß es u. a.: „Nur soweit wir, jeder einzelne, durch Innerlichkeit zur Einheit gelangen, werden wir zur wahrhaften Geistes- und Gesinnungseinheit vordringen. Je näher wir dem gekreuzigten Christus kommen, um so näher kommen wir einander ..."[86]. Im Ökumenismus-Dekret des II. Vatikanums fand auch die römisch-katholische Kirche zu Aussagen über die spirituelle Bedeutung der ökumenischen Bewegung: „Unter dem Wehen der Gnade des Heiligen Geistes gibt es heute in vielen Ländern auf Erden Bestrebungen, durch Gebet, Wort und Werk zu jener Fülle der Einheit zu gelangen, die Jesus Christus will." Deshalb sollen die katholischen Gläubigen „mit Eifer an dem ökumenischen Werk teilnehmen" (UR 4). Als fundamentale Einsicht gilt dabei: Die „Bekehrung des Herzens und die Heiligkeit des Lebens ist in Verbindung mit dem privaten und öffentlichen Gebet für die Einheit der Christen als die Seele der ganzen ökumenischen Bewegung anzusehen"; sie könne „mit Recht geistlicher Ökumenismus genannt werden" (UR 8). Die Wichtigkeit spiritueller Gesichtspunkte wird inzwischen in allen Kirchen gelegentlich betont, aber nur zögernd zum Thema offizieller ökumenischer Forschung und Beratung gemacht.

---

[86] Zitiert nach H. Krüger und W. Müller-Römheld (Hg.), Bericht aus Nairobi 1975, Frankfurt am Main 1976, 255. Zum Ganzen vgl. W. Weiße, Praktisches Christentum und Reich Gottes. Die ökumenische Bewegung Life and Work 1919-1937 (KiKonf 31), Göttingen 1991.

2.3 Der Themenkatalog der Vollversammlungen des *ÖRK seit 1948* zeigt, daß das Problem Spiritualität doch nach und nach an Aufmerksamkeit gewonnen hat. Es macht sich freilich zunächst im Gewand ethischer Fragestellungen bemerkbar. Schon in Amsterdam 1948 ging es u.a. um gesellschaftliche Ordnung, in Evanston 1954 konkreter um „verantwortliche Gesellschaft", um die „Christen im Ringen um die Ordnung der Welt", die „Kirche inmitten rassischer und völkischer Spannungen" und den Christen „in seinem Beruf". Auch in Neu Delhi 1961 wurde zu ethischen Herausforderungen — Frieden, Religionsfreiheit, Rassendiskriminierung — Stellung genommen.

Aber erst *1968* in *Uppsala* wurde Spiritualität in einem direkteren Zugriff verhandelt — unter der Frage nach der „Erneuerung in der Mission", nach dem „Gottesdienst" und vor allem nach „neuen Lebensstilen" (Sektion VI). Noch immer wird Spiritualität stark als ethische Aufgabe verstanden. Im Bericht der Sektion VI wird gefragt: „Wie sollten wir als Christen heute leben?" Es werden die Handlungsfelder umrissen, die den Rat dann auch später immer wieder beschäftigen sollten: Generationenproblem, Umgang mit der Macht, Partnerschaft zwischen Mann und Frau, Pluralität christlicher Lebensstile. Was eine christliche Lebensführung begründet und nährt, wird kaum angesprochen — offenbar als bekannt vorausgesetzt.

Den entscheidenden Anstoß zu einer intensiveren Beschäftigung mit Fragen der Spiritualität brachten die Weltmissionskonferenz in Bangkok 1972 und die 5. Vollversammlung des ÖRK *1975 in Nairobi*: Die von D. Jenkins geprägte Formel „Spiritualität für den Kampf" („spirituality for combat"[87]) erwies sich angesichts der Situation in der ‚Dritten Welt' als zündend. Jenkins hatte gefragt: „Wie können wir einander helfen, unsere Kämpfe so zu führen, daß sie ein Bestandteil unseres Gottesdienstes werden?" M. M. Thomas, der damalige Vorsitzende des Zentralausschusses, hat diese Formel unter Aufnahme der Erfahrungen von Taizé geschickt mit der Forderung einer Neuinterpretation des orthodoxen Theosis-Gedankens (vgl. oben S. 28f) verbunden:

---

[87] Vgl. EcRev 27 (1975) 103.

„... Taizé hat einen sehr wesentlichen Beitrag geleistet zum Streben nach einer Heiligkeit im Handeln, die Kampf und Meditation vereint. Die Wiederentdeckung von Bibel und Liturgie ist hierbei von ausschlaggebender Bedeutung. In diesem Zusammenhang müssen Begriff und Praxis der Theosis in der Orthodoxie sowie die zentrale Bedeutung der Eucharistie als Feier einer Menschheit, die mit der transfigurierten Natur, Gesellschaft und dem Kosmos in Gemeinschaft lebt, neu definiert und bekräftigt werden im Blick auf die Spiritualität des Kampfes, der heute für den Menschen und für die Einheit der Menschheit geführt wird. Wir sollten niemals vergessen, daß wir nicht lediglich gegen andere, sondern auch gegen uns selbst kämpfen, nicht gegen Fleisch und Blut, sondern gegen eine irregeleitete Spiritualität wie etwa die Vergötzung einer Rasse, einer Nation oder einer Klasse und gegen die Rechtfertigung von Ideen, die inhumane und unterdrückerische Strukturen noch verstärken. Ausgangspunkt einer jeden Spiritualität der Gerechtigkeit muß daher die reuige Abkehr von den Götzen und die Hinwendung zum lebendigen Gott und zur Rechtfertigung durch den Glauben sein."[88]

Seitens der Russischen Orthodoxen Kirche war angemahnt worden, im ÖRK fänden gesellschaftliche Probleme stärkeres Interesse als geistliche Fragen; statt dessen gelte es zu überlegen: „Welches ist der Grund für menschliche Existenz auf dieser Erde, und was bedeutet es, eine Person, eine sittliche Persönlichkeit, ein Wesen zu sein, das sich auf etwas zu bewegt, das jenseits seines gegenwärtigen Lebens liegt, etwas, das endgültig ist und immerwährende Freude bringt?"[89] Die Rezeption der Humanum-Studien unterstreicht die Notwendigkeit, der Spiritualität mehr Aufmerksamkeit zu schenken. Hier war die problematische Formel aufgetaucht, es gehe um „Praxis der Transzendenz inmitten der Welt". Der Bericht der Sektion IV von Nairobi („Erziehung zur Befreiung und Gemeinschaft") stellt diese Aufgabe in den Zusammenhang von Schule, Erwachsenenbildung und theologischer Ausbildung: Die entsprechenden Programme

---

[88] In: H. Krüger und W. Müller-Römheld (Hg.), Bericht aus Nairobi 1975, Frankfurt am Main 1976, 250.
[89] Ebd., 243.

„befähigen die Mitglieder der Gemeinde zu einer Verbindung mit dem dreieinigen Gott, ihren Standort als Person und Gruppen im Plan Gottes zu finden und die Spiritualität zu pflegen", wobei „im Zentrum des kirchlichen Lernprozesses" Gottesdienst und Liturgie stehen[90]. In einem während der Vollversammlung abgehaltenen Workshop „Spiritualität" werden konkrete Vorschläge im Blick u.a. auf Gottesdienst und Bibelstudium gemacht. Am Rande wird die „Vermutung" geäußert, „daß die gegenwärtige Situation des ÖRK-Stabes in Genf ... eher der Auferbauung der von uns ersehnten charismatischen Gemeinschaft im Wege steht." Es wird erwogen, ob „Bemühungen um einen gemeinsamen Lebensstil für ÖRK-Mitarbeiter, die sich dazu verpflichten wollen, in die Praxis umgesetzt werden können", und welche Hilfestellung das Château de Bossey leisten könne. Auch „der Lebensstil dieser Versammlung" erregt „Besorgnis". So gerät schließlich der zu diesem Zeitpunkt noch ungewohnte Begriff Spiritualität auch in die Botschaft der Vollversammlung von Nairobi an die Christen der Welt: „Wir sehnen uns nach einer neuen Spiritualität, die unser Planen, Denken und Handeln durchdringt."[91] Der Rat der Evangelischen Kirche in Deutschland setzt daraufhin eine Arbeitsgruppe ein, die 1979 eine Denkschrift vorlegte.[92]

In *Vancouver 1983* wurde Spiritualität wiederum nur indirekt diskutiert, aber in gewisser Weise gelebt:

> *„Jetzt unter dem Thema ‚Jesus Christus, das Leben der Welt' sind wir aufgerufen, zusammen zu leben. Auf der Vollversammlung bekommen wir einen Geschmack von diesem Leben. Unsere Gottesdienste in einem großen Zelt, das uns an das Volk auf der Pilgerschaft erinnert; die Gegenwart kanadischer Indianer, die uns zum Nachdenken zwingt; die Gebete und Lieder in vielen Sprachen, aber in demselben Geist der Anbetung, die uns bewegen; unser Ringen, uns Problemen zu stellen, die uns entzweien; das Singen von Kindern — all das ist Teil des Zusammenlebens in der Familie der Christen ..."[93]*

---

[90] Ebd., 62.
[91] Ebd., 1. Die offizielle deutsche Fassung gibt denn auch „spirituality" mit „Frömmigkeit" wieder.
[92] Evangelische Spiritualität ... (siehe Anm. 35).
[93] In: Müller-Römheld (Hg.), Bericht aus Vancouver 1983, 9.

Das Stichwort „Spiritualität" selbst taucht da auf, wo es um das Teilen der „geistlichen und personellen Ressourcen" und um den „Kampf um Gerechtigkeit und Menschenwürde" geht. Auch bei der Zielsetzung für die Weiterarbeit spielt Spiritualität eine gewisse Rolle. Insgesamt aber scheint in der Phase nach Vancouver das Interesse an spirituellem Aufbruch und Wachstum in den Kirchen und Gemeinden größer zu sein als in den Gremien des ÖRK.

Immerhin fand 1984 eine einschlägige Konsultation in Annecy statt. Der Bericht, der sehr persönlich und lebendig gehalten ist, kommt zu bedenkenswerten Aussagen, die in der künftigen Diskussion werden Berücksichtigung finden müssen.[94]

In *Canberra 1991* stand erstmals eine Vollversammlung des ÖRK unter einer pneumatologischen Perspektive: „Komm, heiliger Geist — erneuere die ganze Schöpfung!" Nicht nur das Hauptthema, sondern auch die Themen der vier Sektionen waren in der Form von Gebeten gegeben:

> *„Spender des Lebens — erhalte deine Schöpfung!*
> *Geist der Wahrheit — mach uns frei!*
> *Geist der Einheit — versöhne dein Volk!*
> *Heiliger Geist — verwandle und heilige uns!"*[95]

Die Frage nach einer neuen christlichen — ökumenischen — Spiritualität war damit mindestens implizit, vor allem in Sektion IV aber auch explizit immer wieder präsent. Der unterschiedliche und zum Teil oberflächliche Sprachgebrauch in den verschiedenen Kontexten läßt freilich erkennen, daß man mit dem Begriff keineswegs gemeinsame Vorstellungen verband. Unvermittelt nebeneinander ist da die Rede von einer Spiritualität der Religionen, von Spiritualität in zwischenmenschlichen Beziehungen, von Spiritualität und Gastfreundschaft und Spiritualität der Aborigines. Man wird sehen müssen, wie die spirituellen Impulse von Canberra theoretisch und praktisch in der Ökumene aufgenommen

---

[94] Eine Spiritualität für unsere Zeit. Bericht einer Konsultation. Annecy, Frankreich, 3.-8. Dezember 1984, Genf 1986.
[95] Müller-Römheld (Hg.), Im Zeichen des Heiligen Geistes. Bericht aus Canberra, Frankfurt am Main 1991, 9.

werden; auch das Verhältnis zwischen soziokulturell beding-
ten einzelnen spirituellen Defiziten bzw. Bedürfnissen und
dem geistlichen Ansatz des konziliaren Prozesses für Gerechtigkeit, Frieden und Bewahrung der Schöpfung ist bislang
ungeklärt. Inzwischen hat die Entwicklung freilich insofern
eine neue Wendung genommen, als der vom ÖRK initiierte
„Dialog mit Menschen verschiedener Religionen und Ideo-
logien" energisch nach dem Verhältnis von christlicher
und außerchristlicher Spiritualität fragen läßt (vgl. unten
S. 178).

2.4 In den bilateralen Dialogen hat das Thema Spiritualität
einen breiteren Raum nur in den Gesprächen der Gemeinsamen Kommission der Römisch-Katholischen Kirche und des
Weltrates Methodistischer Kirchen 1971, 1976 und 1981 einge-
nommen[96]. Wie erklärt sich der Unterschied zwischen dem
relativ starken Interesse an Spiritualität auf den Vollversammlungen und in den Workshops des ÖRK und ihrem geringen
Stellenwert im bilateralen Dialog?

Sucht man nach denjenigen Punkten ökumenischer Diskussion, an denen sich bislang spirituelle Erfahrungen, Auseinandersetzungen und Aufgaben gezeigt haben, auch ohne
daß dabei eine Einzelbereiche übergreifende konfessionelle
oder gar ökumenische Spiritualität im Blick war, so stößt man
auf die elementaren Vollzüge des christlichen Glaubens —
Gebet, Hören auf Gottes Wort, die Sakramente, den Gottesdienst und den „Kampf" für eine bessere Welt.
Dies soll im folgenden näher erläutert werden. Dabei werden jeweils zunächst *spirituelle Prozesse und Resultate* aufge-
zeigt, sodann dabei auftauchende *Probleme* benannt und
schließlich verbleibende *Aufgaben* geltend gemacht.

---

[96] H. Meyer, H.J. Urban, L. Vischer (Hg.), Dokumente wachsender Übereinstimmung. Sämtliche Berichte und Konsenstexte inter-
konfessioneller Gespräche auf Weltebene 1931-1982, Paderborn/
Frankfurt am Main 1983, 399ff, 430ff, 460f.

II. Gebet

Das Herzstück der Weltmissionskonferenz von Edinburgh seien nicht die dort gehaltenen Ansprachen gewesen, erinnert sich John R. Mott, sondern die Gebetszeiten. Das Ökumenismus-Dekret des II. Vatikanums nennt die Herzensbekehrung und eine entsprechende Lebensführung „in Verbindung mit dem privaten und öffentlichen Gebet" die „Seele der ganzen ökumenischen Bewegung" (UR 8). Für weit wichtiger als die ökumenische Begegnung im Dialog erachtet auch der orthodoxe Metropolit Damaskinos Papandreou „die Begegnung im Gebet". Die Konfessionen scheinen sich in diesem Punkt einig zu sein. Tatsächlich kam es bereits im 16. Jahrhundert zu zahlreichen Übernahmen von altkirchlichen, aber auch von in der Societas Jesu entstandenen Texten in die evangelische Gebetsliteratur. Das gemeinsame Gebet von Angehörigen unterschiedlicher Konfessionen gehört zu den ökumenischen Urerfahrungen. Die Teilnehmer und Teilnehmerinnen an der 1. Vollversammlung des ÖRK in Amsterdam berichten bewegt davon, wie sie, nach Jahrhunderten der Trennung ihrer Kirchen, gemeinsam das Vaterunser gebetet hätten — jeder in seiner Sprache.

1. Spirituelle Prozesse und Ergebnisse

1.1 Die „*Gebetswoche für die Einheit der Christen*" hat eine verworrene Geschichte. Bereits am Ausgang des 18. Jahrhunderts gab es in Schottland Gebetstreffen für die Erneuerung der Kirche und die Wirksamkeit der im Entstehen begriffenen protestantischen Missions-Aktivitäten. Die Evangelische Allianz begeht seit ihrer Gründung im Jahr 1846 den Jahresbeginn mit regelmäßigen Gebetswochen. 1857 bildete sich in England im Zuge der Oxford-Bewegung eine „Association for the Promotion of the Unity of Christendom", an deren Gebeten teilzunehmen den Katholiken von ihrer Kirche zunächst verboten war. Der anglikanische Priester Paul Wattson, der sich später dem römischen Katholizismus zuwandte, schlug eine Gebetsoktav vom 18.-25. Januar vor, die von Papst Benedikt XV. verbindlich gemacht wurde — allerdings als rein innerkatholische Angelegenheit: An jedem Tag sollte um die Rückkehr einer der großen reformatorischen Kirchen nach Rom gebetet werden. Diese Praxis hielt sich bis zum Beginn des II. Vatikanums. Von Papst Leo XIII. und später von der Kommission für Glauben und Kirchenverfassung waren die Tage zwischen Himmelfahrt und Pfingsten für das Gebet um Einheit empfohlen worden. Heute wird die Gebetswoche, seit 1966 durch Vertreter des ÖRK und des Vatikans gemeinsam vorbereitet, im Januar oder vor Pfingsten weltweit in etwa 75 Ländern von Millionen von Christen und Christinnen begangen.

1.2 Der *Weltgebetstag der Frauen* wurde 1887 in einer nordamerikanischen presbyterianischen Missionsgesellschaft als Reaktion auf den Bürgerkrieg gegründet. Er wird international und ökumenisch vorbereitet und stellt die Nöte der Frauen jeweils einer bestimmten Weltregion in den Mittelpunkt seiner Gebetsanliegen. „Informed Prayer and Prayerful Action" lautet sein Motto. Die Einheit der Kirche erscheint nicht als primäres Ziel, sondern eher als gleichsam unvermeidliches Nebenprodukt. Er steht heute vor der Frage, ob er sich zu einem allgemeinen, auch den Männern offenstehenden Gebetstag ausweiten oder aber besondere feministische Anliegen in den Mittelpunkt stellen soll. In der sogenannten Dritten Welt ging eine vergleichbare Bewegung aus der Asian Christian Women's Conference 1956 hervor.

Aus Birma stammt der folgende Text für den Weltgebetstag der Frauen 1989:

> „*Wir danken dir für alle Brüder und Schwestern*
> *in Christus,*
> *die sich rund um den Erdball mühen, dir zu dienen.*
> *Wir danken dir für alle,*
> *die ihre Talente, die du ihnen geschenkt hast,*
> *einsetzen für das Kommen deines Reiches.*
> *Mach uns zu Werkzeugen des Friedens und der*
> *Versöhnung.*
> *Darum bitten wir dich durch Jesus Christus,*
> *unseren Herrn.*"[97]

---

[97] In: H.-G. Link (Hg.), Mit Gottes Volk auf Erden. Ökumenischer Fürbittkalender, Frankfurt am Main 1989, 185.

1.3 Als wichtiges ökumenisches Band erweist sich die *Fürbitte*. Ein ökumenischer Fürbittkalender, der 1978 erstmals publiziert wurde und inzwischen in einer zweiten Fassung vorliegt[98], verweist die betende Gemeinde bzw. die einzelnen Betenden jede Woche des Jahreslaufs in eine bestimmte Weltregion „von Jerusalem bis an die Enden der Erde". Aus ihr werden jeweils Informationen und Daten, aber auch spirituelle Texte und Impulse bereitgestellt. Die darauf bezugnehmenden Gebetsformulierungen laden zu Dank und Fürbitte ein. Auch dem gemeinsamen Gebet in ökumenischen Arbeitsgruppen und Hauskreisen sowie innerhalb konfessionsverschiedener Familien kommt in diesem Zusammenhang Bedeutung zu.

1.4 Informelle Gebets-Aktivitäten haben die Ökumenische Bewegung von Anfang an begleitet. Neben Jugendgruppen und Missionszirkeln spielte der Christliche Studentenweltbund eine wichtige Rolle. In diesem Umfeld entstanden die ersten ökumenischen *Gebetbücher und Gottesdienst-Formulare*. Private und kirchliche Initiativen haben zu ökumenischen Sammlungen von Gebeten geführt[99]. Durch multilaterale Begegnungen vermittelt, werden inzwischen Gebetstexte und Gebetspraxen aus den unterschiedlichsten konfessionellen Traditionen und Kulturkreisen miteinander in Beziehung gebracht: das Herzensgebet der Ostkirche (vgl. oben S. 24f), die römisch-katholische Litanei, das im Protestantismus geübte freie Gebet. Dazu tritt die Wiederentdeckung alter Gebetshaltungen (wie des Knieens) oder des Fastens und das Eindringen von Anleihen außerchristlicher Spiritualität (wie Anzünden von Räucherstäbchen oder Zen-Meditation). Nonverbale Elemente des Gebets (wie Schweigen, Musik, Tanz) gewinnen an Bedeutung.

1.5 Eine neue Qualität erhielt das ökumenische Gebet durch das erste interreligiöse *Gebetstreffen in Assisi 1986*.

---

[98] Es handelt sich um den in Anm. 97 genannten Titel.
[99] Vgl. R. Mumm (Hg.), Ökumenische Gebete, bearbeitet von K. Schlemmer, Regensburg-Stuttgart 1991 sowie die weiteren in den Literaturhinweisen genannten ökumenischen Gebetbücher.

Nicht die Ökumene oder die Gemeinschaft der Religionen standen hier im Vordergrund, sondern das gemeinsame Anliegen der Menschheitsfamilie: der Friede. Buddhisten, Hindus und Jainas, Shintoisten, Parsen und Sikh, Vertreter afrikanischer und nordamerikanischer Stammesreligionen, Muslime, Juden und Christen trugen nacheinander Gebete für den Frieden in der Welt vor. Papst Johannes Paul II., der zu dem Treffen eingeladen hatte, sagte in seiner Schlußansprache, es könne keine Rede davon sein, Form und Inhalt der verschiedenen Gebete „auf eine Art gemeinsamen Nenner zu reduzieren", aber er beteuerte doch: „Ja, es gibt die Dimension des Gebetes, die sogar in der tatsächlichen Verschiedenheit der Religionen eine Verbindung mit der Macht über allen menschlichen Kräften auszudrücken versucht"[100]. Abgesehen davon, daß der Papst auch in diesem Zusammenhang sorgsam zwischen den Vertretern „der christlichen Kirchen" und denen der „kirchlichen Gemeinschaften" unterschied, spielte die innerchristliche Ökumene in Assisi keine erkennbare Rolle. Die ökumenischen Auswirkungen des Gebetstreffens, das in dieser Form freilich nicht wiederholt wurde, sind noch nicht zureichend analysiert, geschweige denn geklärt.

In den ökumenischen Fürbittkalender ist der folgende Text des aus Vietnam stammenden buddhistischen Mönchs Thich Nhat Hanh aufgenommen:

> „*Laßt uns die Gegenwart des großen Erbarmens anrufen*
> *und unsere Herzen mit unserem eigenen Erbarmen füllen*
> *gegenüber uns und allen Lebenden* — *Stille.*
> *Laßt uns beten, daß es allen Lebenden zur Wirklichkeit wird,*
> *Brüder und Schwestern zu sein,*
> *die alle von derselben Quelle des Lebens gespeist werden* — *Stille.*
> *Laßt uns beten, daß wir selbst aufhören,*
> *die Ursache von Leiden füreinander zu sein* — *Stille.*

---

[100] Die Friedensgebete von Assisi. Einleitung von Franz Kardinal König. Kommentar von H. Waldenfels, Freiburg 1987, 51f.

Laßt uns selbst dafür eintreten, so zu leben,
daß wir anderen nicht Luft, Wasser, Nahrung, Obdach
oder die Lebenschance rauben   — *Stille.*
Laßt uns das Leben und das Leiden um uns herum
bewußt wahrnehmen
und darum bitten, daß Friede einkehre
in unseren Herzen und auf Erden   — *Stille.*"[101]

2. Probleme

2.1 Am Beispiel des interreligiösen Gebets zeigt sich, daß das gemeinsame „Beten" als solches bestehende Probleme zwischen unterschiedlichen religiösen Gemeinschaften und Traditionen nicht zu lösen vermag, solange nicht ein *Mindestmaß an Übereinstimmung* darüber besteht, was man denn da gemeinsam unternimmt. Solange Menschen miteinander beten, werden sie einander zwar kaum befehden. Ergeben sich aus dem gemeinsamen Gebet aber keine Konsequenzen für andere Formen der Begegnung z.B. im Blick auf den Wahrheitsanspruch und die Weise seiner Durchsetzung, dann ist der spirituelle Akt eine die Spiritualität desavouierende Augenwischerei. Die Frage des interreligiösen Gebets — z.B. zwischen Christen und Muslimen an deutschen Schulen — muß dringend einer Lösung näher gebracht werden. Die dazu zu erarbeitenden Optionen hätten dann ja wohl auch Implikationen für die ökumenische Bedeutung des Gebets innerhalb des Christentums. Denkbar wären folgende Optionen:

(a) „Beten ist menschlich" (J. Sudbrack) — als anthropologisches Grunddatum verbindet es Menschen unterschiedlicher Traditionen. Dabei stellt sich die Frage nach dem Umgang mit den Unterschieden innerhalb der Gebetspraxen — für den Muslim ist eine bestimmte Gebetshaltung und -richtung verbindlich, die Zen-Meditation dagegen kennt nicht einmal eine Gebetsadresse und einen Gebetsinhalt. Ferner sind diejenigen Menschen zu berücksichtigen, die dem religiösen Akt des Gebets völlig fremd oder ablehnend gegenüberstehen.

---

[101] In: H.-G. Link (Hg.), a.a.O. (Anm. 97), 180f.

(b) In unterschiedlichen Formen wenden sich alle Betenden letztlich an „den gleichen Gott" — diese Ansicht hat im innerchristlichen „Vulgär-Ökumenismus" eine Rolle gespielt, damit aber eher der Indifferenz als einer echten Begegnung der Betenden in die Hände gearbeitet. Im Blick auf die Religionen ließe sich das ohnehin nur als Glaubensaussage formulieren, die aber von den Prämissen des Christentums her sicher nicht zureichend zu begründen wäre.

(c) Allen Betenden wendet sich, auch wenn sie es nicht wissen bzw. sogar bestreiten, der Gott Jesu Christi zu, wie die Christenheit ihn bekennt: im Sinne dieser Argumentationsfigur spricht im Blick auf die innerchristliche Ökumene das Ökumenismus-Dekret des II. Vatikanums davon, daß der Heilige Geist sich gewürdigt habe, auch von der römischen Kirche getrennte Kirchen und Gemeinschaften „als Mittel des Heiles zu gebrauchen" (UR 3; vgl. NA 1-3). In dieser Richtung könnte tatsächlich eine gewisse Lösung zu finden sein, wenngleich hier die Gefahr einer geistigen Vereinnahmung des andersdenkenden Partners gerade im Zusammenhang des Betens nicht von der Hand zu weisen ist.

(d) Gemeinsames interreligiöses Gebet ist nicht möglich, da christliches Beten immer als Gebet zum Vater durch den Sohn im Heiligen Geist konstituiert ist. In diesem Falle ergibt sich die Frage, wie dieses trinitarische Gebetsverständnis näherhin auszulegen ist und ob sich in dessen Konsequenz nicht als notwendig erweist, von dem Versuch einer interreligiösen Gebetspraxis abzusehen. Die theologische Diskussion darüber ist noch nicht abgeschlossen.

2.2 Tatsächlich ist auch das *interkonfessionelle Gebet* innerhalb der Christenheit nicht unumstritten gewesen. Von einer in ihrer Bedeutung freilich nicht klar einzuordnenden Synode des ausgehenden 4. Jahrhunderts in Karthago wird ohne Begründung festgestellt, daß es nicht erlaubt sei, mit Häretikern zusammen zu beten. Hätte Luther mit dem römischen Papst, den er für den Antichrist hielt, gemeinsam zu beten vermocht? Die restriktiven Maßnahmen Roms im vorigen Jahrhundert wurden bereits genannt. Nun dürfte das römisch-katholische ebenso wie das orthodoxe Gebetsverständnis das der Reformation weitgehend einschließen. Wie aber sollen umgekehrt die reformatorischen Kirchen mit einem Gebet umgehen, das flankiert ist von Anrufungen Marias und der Heiligen, mit einem Vaterunser, das unmittelbar ins Ave Maria übergeht? Schließlich ist gerade auch der ökumenische Gehalt gemeinsamen Betens problematisch: Ist um eine noch zu schaffende oder aber für die Festigung und Vertiefung einer schon bestehenden Einheit der Kirche Christi zu bitten (E. Eichele)? Gewiß wird heute wohl nicht mehr jede „Partei" um die Bekehrung der anderen Seite bitten nach der Devise: „... bring her, die sich von uns getrennt ..." (EKG 50,5). Kann sich aber der Katholik, der doch von der Identität seiner Konfession mit der von Christus gewollten Kirche ausgehen soll, die Formel von Abbé Couturier zu eigen machen und beten „um die Einheit, die Gott will, durch die Mittel und Wege, die er will"[102]? Das II. Vatikanum hat bei seinem Aufruf zum Gebet für die Einheit (UR 8) sich in diesen Fragen nicht festgelegt. Insgesamt aber ist von den Kirchen bislang nicht wirklich realisiert worden, daß das gemeinsame ökumenische Gebet tatsächlich eine „communicatio in spiritualibus" darstellt und nach dem alten Leitsatz „lex orandi — lex credendi" erhebliche Konsequenzen nach sich ziehen müßte.[103]

3. Aufgaben

3.1 Eine erste Aufgabe im Blick auf die ökumenische Bedeutung des Gebets besteht sicher in der *Förderung seiner Praxis*. Zum einen müssen die vorhandenen Materialien — der ökumenische Fürbittkalender, ökumenische Gebetssammlungen und Erfahrungsberichte — besser an die Gemeinden und an die einzelnen Betenden herangebracht werden. Zum andern muß aber auch darüber nachgedacht werden, was es denn heißen könnte, im Gebet einander zu

---

[102] Vgl. Y. Congar, Theologie des Gebets für die Einheit, in: US 22 (1967) 38-47 (Zitat: 44).
[103] T. Berger vermißt als drittes Glied dieser Formel die „lex agendi", die ja ebenfalls ökumenisch relevant wäre; vgl. T. Berger, Lex orandi – lex credendi – lex agendi. Auf dem Weg zu einer ökumenisch konsensfähigen Verhältnisbestimmung von Liturgie, Theologie und Ethik, in: ALW 27 (1985) 425-432. Vgl. Dir Nr. 108ff!

begegnen. Der gemeinsame Gebetsvollzug reicht dazu nicht aus. Ansätze, die aus der Spiritualität der Befreiung bekannt geworden sind, könnten sich hier als hilfreich erweisen: Das Gebet wird dort eingebunden in den Kontext von präziser Information und konkreter Aktion. Ebenso könnte der Austausch über konfessionelle Vorverständnisse des Gebets weiterführen: Der Protestant sollte etwas über den römisch-katholischen Rosenkranz und über das orthodoxe Herzensgebet erfahren, ebenso wie orthodoxe oder katholische Christen von dem am Bibelwort orientierten freien Gebet im Protestantismus lernen könnten. Erfahrungen von Gebets- und Fastengruppen, auch Frustration und Enttäuschung einzelner Christen, sollten thematisiert werden.

3.2 Die Christen unterschiedlicher Traditionen sollten einander gegenseitig stärker, als dies bisher der Fall war, als *betende Gemeinden* entdecken. Wer in einem evangelischen Gottesdienst das Vaterunser betet, sollte sich dessen bewußt werden, daß in der römisch-katholischen Messe oder im Gottesdienst der griechisch-orthodoxen Gemeinde — möglicherweise in derselben Stadt und zum gleichen Zeitpunkt — dasselbe Vaterunser gesprochen wird. Gerade die den Konfessionen gemeinsamen Gebete sollten hier stärker ausgeschöpft werden; das Herrengebet steht dabei sicher an erster Stelle. Es könnte durch die großen Auslegungen aus der Geschichte der Christenheit — durch die Kirchenväter, die Reformatoren — gemeinsam erschlossen werden[104]. Vielleicht ließe sich sogar bei entsprechender Verabredung durch eine gemeinsame „Läut-Praxis" vor Ort ein Beitrag dazu leisten, daß sich die verschiedenen Konfessionen an einem Ort als gemeinsame Beter des Vaterunsers wahrnehmen und annehmen lernen.

3.3 Die Spiritualität des Gebets muß nicht in einem direkten Sinne auf ökumenische Belange bezogen werden, um ökumenisch wirksam werden zu können. Wird Gebet überhaupt praktiziert, so wird es *in jedem Fall Auswirkungen auf*

---

[104] Vgl. H.-M. Barth, Das Vaterunser als ökumenisches Gebet, in: US 45 (1990) 99-109. 113.

den Umgang auch mit Andersdenkenden haben. Natürlich gilt es, an den genannten theologischen Problemen zu arbeiten. Aber in gewisser Weise nimmt das Gebet von Christen auch unterschiedlicher Traditionen die endzeitliche Einheit der Kirche bereits vorweg, ja es lebt von seiner eschatologischen Erfüllung. Der Passus aus dem hohepriesterlichen Gebet, „daß sie alle eins seien ..., damit die Welt glaube" (Joh 17,21), droht gelegentlich zu einer ökumenischen strategischen Formel zu verkommen. Vom Evangelisten werden diese Worte Jesus selbst in den Mund gelegt und also als ein erhörtes Gebet verstanden! Andererseits werden gerade den Betenden Probleme, Schwierigkeiten, Schatten und zunächst unüberwindliche Grenzen bewußt. Auch in seiner Ehrlichkeit trägt das Gebet zu „Realitätsgewinn" und schließlich zu einem erträglichen oder sogar fruchtbaren Miteinander bei. Schließlich verhindert bislang die ökumenische Ungeduld wohl in allen Kirchen, daß im Blick auf die ökumenische Situation Gott in stärkerem Maße für das Erreichte — besser: für das von ihm Geschenkte — wirklich gedankt wird. Psychologisch gesehen, würde der gemeinsame Dank das ökumenische Bewußtsein der Betenden wahrscheinlich noch mehr stützen als die Bitte. Es würde ihnen dabei auch deutlich werden, daß das Gebet nicht eine ökumenische Initiative darstellt, nicht ein Instrument unter anderen, weil das Beten selbst keine auf Entschluß und Planung zurückgehende menschliche Unternehmung ist. Auch für das ökumenische Gebet gilt, daß wir nicht wissen, was wir beten sollen — der Geist aber „vertritt uns mit unaussprechlichem Seufzen" (Röm 8,26). In welcher Kirche und in welchem Glaubenden auf Erden auch immer ökumenisches Beten geschieht, da ist Gottes einender, tröstender und vollendender Heiliger Geist in Aktion. Johannes Paul II. verwendete in seiner Schlußansprache beim Gebetstreffen in Assisi das Franz von Assisi zugeschriebene Gebet:

> *„Herr,*
> *mach mich zu einem Werkzeug deines Friedens,*
> *daß ich liebe, wo man haßt;*
> *daß ich verzeihe, wo man beleidigt;*
> *daß ich verbinde, wo Streit ist;*
> *daß ich die Wahrheit sage, wo Irrtum ist;*

daß ich Glauben bringe, wo Zweifel droht;
daß ich Hoffnung wecke, wo Verzweiflung quält;
daß ich Licht entzünde, wo Finsternis regiert;
daß ich Freude bringe, wo der Kummer wohnt.
Herr,
laß mich trachten,
nicht, daß ich getröstet werde,
sondern daß ich tröste;
nicht, daß ich verstanden werde,
sondern daß ich verstehe,
nicht, daß ich geliebt werde,
sondern daß ich liebe.
Denn wer sich hingibt, der empfängt ... "[105]

III. Wort Gottes

Von den Anfängen der Ökumenischen Bewegung an
gehört das gemeinsame Hören auf die Heilige Schrift zu den
grundlegenden Impulsen und Erfahrungen auf dem Weg zu
größerer Einheit der Christenheit. In den missionarisch engagierten Gebetsgruppen, wie sie sich seit der Mitte des 19.
Jahrhunderts insbesondere unter Jugendlichen und Studen-
ten gebildet hatten, wurde die Bibel gelesen und auf ihre
Bedeutung für das konkrete Verhalten der einzelnen Glaubenden in ihren unterschiedlichen Denominationen und
Konfessionen hin befragt. Die Heilige Schrift, die zuvor
nicht selten als Arsenal von Argumenten für die Legitimität
des eigenen konfessionellen Anspruchs mißbraucht worden
war, entfaltete nunmehr ihre Kraft, Mitglieder voneinander
getrennter Kirchen aufeinanderzu zu bewegen. Dies galt
zunächst für die verschiedenen protestantischen Gruppierungen, begann aber trotz gewisser Restriktionen auf
römisch-katholischer Seite bald auch für den katholischen
und schließlich ansatzweise auch für den orthodoxen
Bereich. Sucht man nach dem Band, das über alle Unter-

---

[105] In: F. König, H. Waldenfels (Hg.), Die Friedensgebete von
Assisi, Freiburg i. Br. 1987, 59f.

schiede in der Lehre und in der Gestaltung christlichen Lebens hinweg formal alle christlichen Kirchen und Gruppen miteinander verbindet, so wird man sagen müssen: Es ist die Reverenz gegenüber der Heiligen Schrift und die ständige Begegnung und Auseinandersetzung mit der biblischen Botschaft.

1. Spirituelle Prozesse und Ergebnisse

1.1 Für die *ökumenische Bewegung* war die Bibel offenbar so sehr selbstverständlicher Ausgangspunkt, daß man es nicht für nötig befand, sie in der Basis von Amsterdam 1948 eigens zu nennen. Erst aufgrund einer Intervention der norwegischen Lutheraner 1961 in Neu Delhi ergänzte man die Basisformel durch den Hinweis, der ÖRK sei eine Gemeinschaft von Kirchen, die den Herrn Jesus Christus „gemäß der Heiligen Schrift" als Gott und Heiland bekennen. Dieser Zusatz sollte das reformatorische Prinzip „allein die Schrift" betonen, konnte aber leicht zur Verschleierung faktisch nicht überbrückter Differenzen dienen, weil ja durchaus umstritten war, was als „gemäß der Heiligen Schrift" zu gelten hatte. Trotz der verbleibenden dogmatischen Schwierigkeiten war allen ökumenisch Engagierten klar, daß die Auseinandersetzung mit der biblischen Überlieferung die ökumenische Sache befruchten und vorantreiben würde. Die verschiedenen Lehrgespräche, deren wichtigste die Faith and Order-Konferenz in Montreal 1963 („Schrift, Tradition und Traditionen") und die Kommissionssitzung in Löwen 1971 („Die Autorität der Bibel") sowie die Ausarbeitungen von Uppsala 1968 sein dürften, brauchen hier nicht analysiert zu werden (vgl. das entsprechende ÖSt). Eine wesentliche Rolle für die Nutzung der spirituellen Kraft der Bibel für die Ökumene haben sicher das Ökumenische Institut von Bossey und seit 1971 das Referat für biblische Studien beim ÖRK gespielt. Nicht nur im Blick auf die wiederzugewinnende Einheit, sondern auch hinsichtlich der gemeinsamen Verantwortung der Christenheit rückte die Bibel immer wieder stark ins ökumenische Bewußtsein, so insbesondere im Zusammenhang der Rassismus-Frage und der Problematik des Dialogs mit den nichtchristlichen Religionen (vgl. die ÖRK-Studie „Das

Wort Gottes und der moderne nichtchristliche Glaube"). Das Ökumenismus-Dekret des II. Vatikanums hat, wenn auch unter Hinweis auf die verbleibenden gravierenden Unterschiede in der „Auffassung von dem Verhältnis zwischen der Schrift und der Kirche", die Bibel doch als „ein ausgezeichnetes Werkzeug in der mächtigen Hand Gottes" gewürdigt, „um jene Einheit zu erreichen, die der Erlöser allen Menschen anbietet" (UR 21). Damit eröffneten sich auch für römische Katholiken zahlreiche Möglichkeiten, bei der Erforschung und Aufbereitung der biblischen Aussagen mit Andersgläubigen zusammenzuarbeiten und mit ihnen gemeinsam auf das biblische Zeugnis zu hören. Inzwischen erwacht ebenso in den orthodoxen Kirchen ein stärkeres Interesse, Erfahrungen unter Gottes Wort mit anderen Kirchen auszutauschen.

Keine nennenswerte Störung brachte bei der Entdeckung der ökumenischen Dynamik, die von der Heiligen Schrift ausgeht, die Tatsache, daß sich die christlichen Kirchen ja über den Umfang des biblischen Kanons keineswegs einig sind: Die Reformation orientierte sich am hebräischen Kanon und betrachtete die Apokryphen, die das Konzil von Trient als verbindlich erklärte, nur als „nützlich und gut zu lesen" (M. Luther); das orthodoxe Kanonsverständnis greift, ohne sich exakt festzulegen, noch weiter aus als die römisch-katholische Tradition. Trotz dieser Differenzen konnte die biblische Botschaft auf den verschiedensten Ebenen ihre ökumenische Kraft entfalten — im Zusammenhang von Liturgie und Predigt, bei der wissenschaftlichen Erforschung der Texte und im persönlichen Umgang engagierter Christen und Gemeinden mit der Heiligen Schrift.

1.2 In der Liturgie aller christlichen Kirchen kommt der *Lesung biblischer Texte* eine bevorzugte Stellung zu. Die Göttliche Liturgie, wie sie in den orthodoxen Kirchen gefeiert wird, ist gesättigt von direkten Übernahmen biblischer Aussagen und indirekten Anspielungen auf biblische Wendungen. Schon der äußere Einband des Epistel- und des Evangelienbuches und der liturgische Umgang damit gibt der geistlichen Wertschätzung Ausdruck: Beim „Kleinen Einzug" wird dem Evangelienbuch ein Leuchter vorangetragen, die Lesung ist eingebettet in den Friedenswunsch für den

Vorlesenden, den Lobpreis der Gemeinde und in bewegende
Gebete wie dieses:

*„Entzünde in unseren Herzen, menschenfreundlicher
Herrscher, das lautere Licht deiner Gotteserkenntnis und
öffne die Augen unseres Verstandes zur Erkenntnis der Ver-
kündigungen deines Evangeliums. Flöße uns auch die Furcht
vor deinen seligen Geboten ein, auf daß wir alle unsere
fleischlichen Begierden vernichten, einen geistlichen Wandel
führen und alles nach deinem Wohlgefallen sinnen und tun.
Denn du bist die Erleuchtung unserer Seelen und Leiber,
Christus, unser Gott, und dir senden wir Lobpreis empor,
zugleich mit deinem anfanglosen Vater und deinem allheili-
gen und gütigen und lebensspendenden Geist, jetzt und
immerdar, und von Ewigkeit zu Ewigkeit. Amen."* [106]

Auch die römisch-katholische Messe kennt eine klare liturgische Verortung der Schriftlesung, wie sie ähnlich in den
meisten evangelischen Gottesdienstformen vorgesehen ist.
Daß die Verteilung der Perikopen über das Kirchenjahr zwischen katholischen und lutherischen Ordnungen mindestens
teilweise noch übereinstimmt, hat ökumenische Bedeutung.
In Orden und Kommunitäten spielt die Lesung der Psalmen
bzw. überhaupt die fortlaufende Bibellese eine wichtige
Rolle. Im evangelischen Gottesdienst gewinnt der Bibeltext
entweder durch die Konzentration auf seine Auslegung oder
auch durch seine Umdichtung in den Choral besonderes
Gewicht.

1.3 Die *Predigt* hat in den christlichen Konfessionen ein
eigenes Profil. Während sie im Protestantismus immer im
Zentrum des Gottesdienstes stand, befindet sie sich in den
heutigen orthodoxen Kirchen erst im Vormarsch. Besitzt sie
von der Reformation her kerygmatisches Gepräge, das sich in
der Spannung von Gesetz und Evangelium zeigt, so gibt sie
sich im orthodoxen Kontext oft als den Text paraphrasierende
Homilie. Im römischen Katholizismus ist sie nicht notwendig, aber doch vorrangig auf Schrift und Tradition bezogen.

---

[106] In: F. von Lilienfeld (Hg.), Die Göttliche Liturgie des Hl. Johannes Chrysostomus, Bd. 2, Heft A, Erlangen ²1986, 83.

Evangelikale Gruppen zielen in der Predigt, die dann nicht an den Gottesdienst gebunden sein muß, auf Erweckung und Entscheidung. Obgleich es ein deutliches konfessionelles Gepräge von bestimmten Predigtstilen gibt, finden hier doch auch Prozesse der Assimilation und der gegenseitigen Bereicherung statt. Einen interessanten Versuch stellen die im Anschluß an die Vollversammlung des ÖRK in Uppsala erarbeiteten Bände „Word for the World" dar: Für jeden Tag des Jahres wird auf einer linken Seite eine biblische Meditation, auf einer rechten eine Reihe von Fragen und Beobachtungen zum ökumenischen Prozeß geboten. Autoren aus vielen christlichen Kirchen haben daran mitgearbeitet.[107]

1.4 Auf *wissenschaftlicher Ebene* sind sich die Konfessionen gerade durch die gemeinsame Bemühung um die Heilige Schrift erheblich näher gekommen. Die für katholische Exegeten geltenden Beschränkungen durch die im Rahmen des Antimodernismus eingerichtete päpstliche Bibelkommission sind inzwischen weithin außer Kraft gesetzt (vgl. die Enzyklika Pius' XII. „Divino afflante Spiritu"); das II. Vatikanum ermutigt die katholischen Bibelwissenschaftler ausdrücklich zur Fortführung ihrer Arbeit „unter Aufsicht des kirchlichen Lehramts mit passenden Methoden" (DV 23). Seither wurden zahllose interkonfessionelle exegetische Projekte gestartet[108]. In der Konstitution über die göttliche Offenbarung heißt es:

„Die heilige Theologie ruht auf dem geschriebenen Wort Gottes, zusammen mit der Heiligen Überlieferung, wie auf einem bleibenden Fundament. In ihm gewinnt sie sichere Kraft und verjüngt sich ständig, wenn sie alle im Geheimnis Christi beschlossene Wahrheit im Lichte des Glaubens durchforscht. Die Heiligen Schriften enthalten das Wort Gottes, und, weil inspiriert, sind sie wahrhaft Wort Gottes; deshalb sei das Studium des heiligen Buches gleichsam die Seele der heili-

---

[107] Word for the World. Dayly Readings, Book 1 und 2, London 1970, Book 3 und 4, London 1971.
[108] Im deutschen Sprachraum vgl. H. Balz, G. Schneider (Hg.), Exegetisches Wörterbuch zum Neuen Testament, 3 Bde., Stuttgart 1980-1983, sowie den Evangelisch-katholischen Kommentar zum Neuen Testament (EKK).

gen Theologie. Auch der Dienst des Wortes, nämlich die seelsorgerliche Verkündigung, die Katechese und alle christliche Unterweisung — in welcher die liturgische Homilie einen hervorragenden Platz haben muß — holt aus dem Wort der Schrift gesunde Nahrung und heilige Kraft" (DV 24).

Wichtig sind in diesem Zusammenhang die Versuche, gemeinsame Bibelübersetzungen zu erstellen: im deutschen Sprachraum die „Einheitsübersetzung" des Neuen Testaments und der Psalmen 1980, im französischen die „Traduction oecuménique de la Bible". Eine wesentliche Funktion hatten dabei die Bibelgesellschaften; seit 1968 arbeiten der Weltbund der Bibelgesellschaften (United Bible Societies) und vatikanische Behörden zusammen; gemeinsam wurden Prinzipien für die interkonfessionelle Zusammenarbeit bei der Übersetzung der Bibel erarbeitet (1968, 1987). Wenn die Ergebnisse nicht allenthalben überzeugen konnten, so liegt das daran, daß dogmatische Vorentscheidungen doch gelegentlich den Ausschlag gaben und daß die Sozialisationskraft bereits vorliegender Übersetzungen — etwa der „Luther-Bibel" für den protestantischen Bereich — unterschätzt wurde. Daß orthodoxe Bibelwissenschaftler auf diesem Feld sich noch nicht in gleicher Weise einbringen konnten, hängt an geographischen und kulturellen Vorgegebenheiten; von der Orthodoxie ist jedoch besonders eine Erschließung der Kirchenväter-Exegese zu erwarten.

1.5 *Persönliche Bibelfrömmigkeit* bescheinigt das Ökumenismus-Dekret des II. Vatikanums den Protestanten in einer Weise, die durch neuere statistische Untersuchungen nicht mehr gedeckt scheint: „Die Liebe und Hochschätzung, ja fast kultische Verehrung der Heiligen Schrift führen unsere Brüder zu einem unablässigen und beharrlichen Studium dieses heiligen Buches" (UR 21). Daß die Heilige Schrift tatsächlich unzähligen Menschen den Weg durch ihren Alltag zu finden und zu gestalten hilft, belegen auf ihre Weise die „täglichen Losungen und Lehrtexte der Brüdergemeine", die zur Zeit im deutschen Sprachraum in einer Auflage von über einer Million erscheinen und die darüber hinaus gegenwärtig in etwa 40 Sprachen gelesen werden. Herrnhut leistet mit der jährlichen Bereitstellung der „Losungen" der Ökumene einen unschätzbaren Dienst. Dazu kommen konfessionelle und interkonfessionelle biblische Lesepläne und Kalender mit ökumenisch abgestimmten Auslegungen (im deutschen Sprachraum etwa: „Brot für den Tag"). Gemeinsam unternehmen die Kirchen erhebliche Anstrengungen, um die Bibel im Bewußtsein ihrer Gläubigen wieder stärker zu verankern (vgl. in Deutschland das „Jahr mit der Bibel"). In anderen Teilen der Welt erweist die Bibel selbst die Attraktionskraft, Menschen unterschiedlicher Herkunft um sich zu sammeln und miteinander zu verbinden: Ernesto Cardenal hat dies mit seinem Bericht über das „Evangelium der Bauern von Solentiname"[109] der Ökumene in überzeugender Weise vor Augen geführt.

2. Probleme

2.1 Obwohl die Heilige Schrift im Bewußtsein aller christlichen Kirchen einen zentralen Platz einnimmt, ist ihre *Gewichtung* doch sehr unterschiedlich. Das beginnt mit der Frage nach dem Verhältnis von Wort und Sakrament: Während sich die Frömmigkeit im Protestantismus trotz der Gleichordnung von Wort und Sakrament im Augsburgischen Bekenntnis (CA V) eher an der Bibel festmacht, ist Spiritualität im römischen Katholizismus und in der Orthodoxie stärker an den Sakramenten, insbesondere an der Eucharistie orientiert (s. oben S. 25f, 33ff). Infolge von Kollusionsprozessen und theologischen Einsichten, aber auch bedingt durch Einflüsse aus der Befreiungstheologie auf den Katholizismus und der feministischen Bewegung auf den Protestantismus ist es hier allerdings zu gewissen Annäherungen gekommen.

Ein weiteres Problem besteht jedoch in der unterschiedlichen Einbettung des Umgangs mit dem Wort in den verschiedenen Konfessionen. In der orthodoxen Tradition ist die Heilige Schrift ganz umgeben von einem Gewebe liturgischer Gesten und Vollzüge, so daß das Wort, etwa gar ein einzelner Bibelspruch, kaum eine Chance hat, notfalls gegen seine liturgische Umgebung aufzukommen; für den orthodoxen

---

[109] 4 Bde., Gütersloh ³1980.

Christen bedeutet freilich bereits die Vorstellung, Gottes Wort könnte mit der Tradition der Kirche in Konflikt geraten, eine Zumutung. Im römischen Katholizismus hat diese Einbettung eine kirchenrechtliche Seite, sofern man bedenkt, daß nach Festlegung des I. Vatikanischen Konzils allein die Kirche bzw. ihr Lehramt das Recht und die Pflicht hat, „über den wahren Sinn und die Auslegung der heiligen Schriften zu urteilen"[110]. Das II. Vatikanum präzisiert dann zwar, indem es formuliert: „Das Lehramt ist nicht über dem Wort Gottes, sondern dient ihm" (DV 11). Doch haben Vertreter sowohl befreiungstheologischer als auch anderer hermeneutischer Ansätze, ohne ihre Erfahrungen mit der biblischen Botschaft wirklich einbringen zu können, diesen „Dienst" des Lehramts als schmerzlich erfahren müssen. Im Protestantismus scheint die Einbettung der Bibel in liturgische Vollzüge und in kirchenrechtliche Rahmenordnungen gering, doch besteht hier eine umgekehrte Gefahr: Das Prinzip „allein die Heilige Schrift" verleitet leicht zu einer Isolation der biblischen Botschaft, ja des einzelnen „Spruchs", gegenüber dem Kontext der Gemeinde, der Kirche, vielleicht sogar der alltäglichen Erfahrung. Dann aber legt sich die Gefahr nahe, daß die gehörte Botschaft subjektiv verengt oder auch für gruppenegoistische kirchliche oder politische Ziele mißbraucht wird.

2.2 Die *spirituelle Bedeutung der Bibel außerhalb des etablierten Christentums* ist von den Kirchen noch kaum wahrgenommen. Vergleichsweise am deutlichsten ist sie wohl im Verhältnis zum Judentum gesehen. Welche Erfahrungen werden dort mit der Hebräischen Bibel, dem christlichen „Alten Testament", gemacht? Was kann man etwa als Christ beim Umgang mit der Übersetzung Martin Bubers lernen? Aber sogar zwischen dem Koran und den biblischen Büchern gibt es ja mannigfache Beziehungen. Auch im Koran haben hebräische und christliche Bibel eine spezifische Wirkungsgeschichte mit spirituellen Implikationen und Konsequenzen.
Eine neue Variante dieses Problems besteht darin, daß die Bibel den Christen von außerhalb der etablierten Religionen begegnen kann. Die Bergpredigt etwa entwickelt ein Eigen-

---

[110] DS 3007.

leben auch außerhalb des institutionalisierten Christentums, wie sich etwa in ihrer Rezeption durch Mahatma Gandhi oder in ihrer Nutzung im Rahmen der Diskussion um die Friedensfrage gezeigt hat.[111] Daneben treten Versuche aus dem Bereich der Esoterik, klassische Texte der Bibel wie das Vaterunser oder die Seligpreisungen unabhängig von der christlichen Gemeinde spirituell zu nutzen.[112]

2.3 Die *hermeneutische Problematik* ist damit bereits angesprochen. Wie wird die Heilige Schrift sachgemäß ausgelegt? Die Evangelische Allianz, Vorreiterin der Ökumenischen Bewegung innerhalb des Protestantismus, sah in ihren Statuten von 1846 selbstverständlich die Autorität des Bibeltextes in seiner göttlichen Inspiration begründet. Teilweise modifiziert wird dieser Ansatz heute von evangelikalen Gruppen aufgenommen. Aber auch in den großen christlichen Konfessionen ist man sich ja hinsichtlich der Auslegung, ja bereits der Gewichtung einzelner Schriftaussagen keineswegs einig. Orthodoxie und Katholizismus stellen schon durch die Hervorhebung in der Liturgie die Evangelien, aus denen nur der Priester bzw. der Diakon vorlesen darf, in den Mittelpunkt; die Epistel-Lesung und die alttestamentliche Lesung darf in der Messe auch von Laien, und somit auch von Frauen, vorgenommen werden. Protestanten sind im allgemeinen stärker an den Briefen des Paulus oder auch an den Psalmen orientiert; fett oder kursiv gedruckte Bibelsprüche zeigen an, mit welchen Texten sich im Lauf der Zeiten besonders intensiv geistliche Erfahrungen verbunden haben. Mitglieder reformierter Kirchen lassen oft ein besonderes Verhältnis zum Alten Testament erkennen.

Diese Situation fordert insgesamt eine gemeinsame Bemühung um die Heilige Schrift, wie sie beispielsweise in dem

---

[111] Vgl. F. Alt, Frieden ist möglich. Die Politik der Bergpredigt, München/Zürich [10]1983, sowie W. Erk (Hg.), Der verbotene Friede, Stuttgart 1982.
[112] Vgl. z.B. A. Bittlinger, Das Vaterunser. Erlebt im Licht von Tiefenpsychologie und Chakrenmeditation. Mit einem Vorwort von P. Schellenbaum, München 1990, sowie N. Douglas-Klotz, Das Vaterunser. Meditationen und Körperübungen zum kosmischen Jesusgebet, München 1992.

evangelisch-lutherisch/römisch-katholischen   Dokument „Wege zur Gemeinschaft" angesprochen wird:

> *„62. Die geistliche Gemeinschaft in Christus wird nach der Überzeugung beider Kirchen durch das Wort vermittelt. Dieses Wort des Heils ist der Kirche grundlegend und normgebend in der Heiligen Schrift geschenkt. Ein ständig nötiger Schritt zur Einheit besteht deshalb darin, daß beide Kirchen sich in ihrem geistlichen Leben immer aufs neue am Zeugnis der Heiligen Schrift orientieren und aus diesem Zeugnis leben. Dabei ist es von entscheidender Bedeutung, daß in der Theologie, in der Predigtpraxis, im gemeinsamen geistlichen Gespräch über die Schrift und in der persönlichen Schriftbetrachtung die Aussage der Schrift im vollen Umfang — und nicht nur in Auswahl — zur Geltung kommt. Das schließt gewiß die Frage nach einer Mitte der Schrift, nach zentralen und weniger zentralen Aussagen und nach den sich von daher ergebenden Interpretationsregeln nicht aus ...*
> *63. Beide Kirchen müssen die Orientierung an der Heiligen Schrift in zunehmendem Maße gemeinsam vornehmen..."*[113]

Zu den spirituellen Vorentscheidungen, die in den verschiedenen Konfessionen bereits vorliegen, treten heute neue, durch die Psychologie oder die Soziologie vermittelte Einsichten. Die Bibel wird zu einem Instrument der Selbsterfahrung, der politischen Befreiung, der feministischen Emanzipation. Die verschiedenen — traditionellen und modernen — Ansätze, die Bibel in ihrer geistlichen Kraft neu wahrzunehmen und zur Wirkung gelangen zu lassen, stehen oft unvermittelt nebeneinander.

2.4 Ein weiteres Problem für den geistlichen Umgang mit der Heiligen Schrift stellt ihre *Immunisierung* innerhalb der verschiedenen Kirchen dar. Es ist nicht auszuschließen, daß jede der großen Konfessionen ihre eigene und für sie charakteristische Weise hat, den Anspruch des Wortes Gottes unschädlich oder doch ungefährlich zu machen. Ein Mittel dazu bietet beispielsweise der plerophore Gebrauch von

---

[113] In: H. Meyer, H.J. Urban, L. Vischer (Hg.), Dokumente wachsender Übereinstimmung, 1931-1982, Paderborn 1983, 310.

Bibeltexten selbst, der den Inhalt des Gelesenen oder Gesungenen kaum noch zur Geltung kommen läßt. Hierin könnte die orthodoxe Form solcher Immunisierung liegen. Eine andere Möglichkeit besteht darin, der Bibel immer dann, wenn sie sich gegen das bislang vorausgesetzte Verständnis — etwa das Selbstverständnis einer Kirche — zu wenden droht, die Kompetenz abzusprechen; dies dürfte die römisch-katholische Versuchung sein. Der protestantische Weg der Immunisierung der Heiligen Schrift hat mit einer extensiven und dann leicht zu Oberflächlichkeit oder Gesetzlichkeit neigenden Predigt-Praxis zu tun. Die hier häufig begegnende Intellektualisierung der Schriftauslegung nährt das Mißverständnis, man habe einen Text dann erfaßt, wenn man ihn rational durchschaut hat. Tragisch ist es, daß sich in den evangelischen Kirchen die Intensität des Bibelstudiums, das schließlich ja mit allen kritischen philologischen und historischen Mitteln betrieben wurde, kontraproduktiv ausgewirkt und faktisch zu einer Entfremdung der „Laien" von der Bibel geführt hat. Echte wissenschaftliche Kompetenz, mitunter auch professorale Arroganz, hat „Laien", statt sie zum selbständigen Urteilen und zum eigenen Reden zu befähigen, zum Schweigen gebracht und als Gemeindeglieder entmündigt.

3. Aufgaben

3.1 Die Bibel muß als *spirituelles Buch* wiederentdeckt werden. Es spricht nicht für die Kirchen, wenn selbst für das Bewußtsein von Christen im Blick auf das Potential zur Lösung existentieller Fragen persische Märchen oder ägyptische Mythen den biblischen Geschichten den Rang ablaufen. Die Bibel ist weder ein moralisierendes Gesetzbuch noch eine Sammlung von mehr oder weniger unzugänglichen Predigttexten noch auch in erster Linie ein dogmatischer Normenkanon. Vielmehr sendet sie heilende Kräfte auf diejenigen aus, die sich erwartungsvoll und in der Bereitschaft, Konsequenzen zu ziehen, auf sie einlassen. Die altprotestantische Orthodoxie sprach in diesem Zusammenhang vom „testimonium Spiritus Sancti" — dem „Zeugnis des Heiligen Geistes". Um dieses Zeugnis sich auswirken zu lassen, bedarf es durchaus der Anleitung zum Gebrauch der einschlägigen

Hilfsmittel, der Übersetzungen, ggf. Kommentare und Lexika, vor allem aber der Einweisung in Meditation und „geistliche Schriftlesung". Dazu bedarf es ebenso der Einrichtung von Gruppen, in denen Erarbeitetes und Durchlebtes ausgetauscht und kritisch überprüft werden kann. Vor allem aber bedarf es der Ermutigung der einzelnen Bibelleser und -leserinnen, ggf. gegen das Urteil der exegetischen Fachleute eigene Beobachtungen nicht gering zu achten, selbständige Interpretationen zu wagen und neue Erfahrungen mit den Texten zu machen. Die Gruppe könnte dem einzelnen über Phasen der Ermüdung oder Enttäuschung hinweghelfen. Die gottesdienstliche Predigt könnte den Kontakt des eigenen Erlebens mit dem Reichtum der Tradition und der gesamten Ökumene herstellen, vielleicht auch neue Perspektiven geistlichen Lebens eröffnen. Es ist unerträglich, wenn der sonntägliche Gottesdienst nicht zur Vertiefung geistlicher Einsicht, zum Wachstum im Glauben, in der Liebe und in der Hoffnung, nicht zum Voranschreiten auf dem Pilgerweg des Lebens beiträgt. Das Wort der Heiligen Schrift ist erst dann bei seinem Hörer angekommen, wenn es in dessen Mund neu Wort — und in dessen Alltag Tat — geworden ist. Die damit beschriebene Aufgabe gilt für jede christliche Konfession und Gruppe. Dabei gerade von den eigenen Prämissen auszugehen, hat enorme ökumenische Bedeutung.

3.2 Es bedarf einer *Integration der hermeneutischen Methoden,* die einerseits die verschiedenen Ansätze der Schriftauslegung sammelt und bündelt, andererseits Holzwege erkennbar werden läßt. Solange ein Fächer von Möglichkeiten, die nicht miteinander in Relation gebracht sind, zur freien Auswahl angeboten wird, bleibt die Leistungsfähigkeit der einzelnen Zugänge zweifelhaft. Kirchenväter-Auslegungen und feministische Exegesen, psychologische Ansätze und politische Zugriffe auf den Text müssen einander konfrontiert werden, damit sichtbar wird, an welchen Punkten sie konvergieren, einander gegenseitig bereichern oder aber Mißverständnisse produzieren. Ein solches integratives hermeneutisches Verfahren läßt sich nicht ein für allemal fest installieren, es hat prozessualen Charakter. Es lebt von der Beteiligung aller und ist insofern ein eminent ökumenischer Vorgang.

3.3 Durch die *gegenseitige Erschließung* der biblischen
Botschaft können Christen unterschiedlicher Traditionen
und Optionen einen unersetzlichen ökumenischen Beitrag
leisten. An die Stelle des belehrenden, angreifenden oder die
eigene Position verteidigenden Bibel-Zitats tritt dann der
Austausch von Erfahrungen, die im Zusammenhang mit
biblischen Aussagen, vielleicht sogar einzelnen Sprüchen, in
einem jeweiligen konfessionellen oder gesellschaftlichen
Kontext gemacht worden sind. Dies wiederum würde Christen dazu befähigen, mit Angehörigen anderer Religionen,
die ja oft nicht am Buchstaben interessiert sind, zu kommunizieren — zu verstehen und sich verständlich zu machen.

IV. Sakramente

Gebet und Ausrichtung am biblischen Zeugnis können
trotz der zwischen den Kirchen bestehenden Verstehensdiffe-
renzen ohne weiteres als Quellen und Hilfsmittel sowohl
konfessionsspezifischer als auch ökumenischer Spiritualität
gelten. Im Blick auf die Sakramente ist das schwieriger. Da
diese mindestens prinzipiell in den meisten Kirchen an
irgendeine Form des Amtes gebunden sind, greifen hier die
dogmatischen Bestimmungen in ihrer kirchenrechtlichen
Ausprägung. An den Sakramenten orientierte Spiritualität
hat daher stärker als Gebets- oder Bibelfrömmigkeit neben
ihrem ökumenischen zugleich einen antiökumenischen Charakter — obwohl die Christen doch „durch *einen* Geist alle
zu einem Leib getauft" sind (1 Kor 12,13) und obwohl das
Brot, das sie brechen, „die Gemeinschaft des Leibes Christi"
ist (1 Kor 10,16).
Eine weitere Schwierigkeit besteht darin, daß Bereiche von
Spiritualität, die in den einen Kirchen sakramental aufgefaßt
werden, in den anderen eher einer weltlichen Frömmigkeit
zugeordnet werden. Das gilt für die Spiritualität der Ehe (vgl.
oben S. 33, 51), in gewisser Weise auch für eine Spiritualität
des Amts, soweit diese im Protestantismus stärker von einem

allgemeinen Berufsethos her verstanden wird[114]. Eine besondere Spiritualität des geistlichen Amts wird immerhin in den lutherischen Kirchen reflektiert. Buße und Firmung / Konfirmation, die in der römisch-katholischen Kirche als eigene Sakramente zu stehen kommen, sind hinsichtlich ihrer Intention in den evangelischen Kirchen auf die Taufe und der mit ihr verbundenen Spiritualität ausgerichtet. Eine Frömmigkeit, die das Anliegen der Krankensalbung berücksichtigt, wird ebenso wie teilweise die Spiritualität des Amts in den evangelischen Kirchen durch das allgemeine, gegenseitige und gemeinsame Priestertum aller Gläubigen abgedeckt. In allen christlichen Kirchen konzentriert sich jedoch die Frage nach einer an den Sakramenten orientierten Frömmigkeit auf Taufe und Eucharistie.

1. Spirituelle Prozesse und Ergebnisse

1.1 Das Verständnis für das *Wesen der Sakramente* ist im Zuge der ökumenischen Bewegung, aber auch unter dem Einfluß humanwissenschaftlicher Erkenntnisse und politischer Notwendigkeiten vielerorts gewachsen. Vornehmlich die Protestanten hatten hier einen Lernprozeß durchzumachen. Es ist wohl auf einen gewissen Nachholbedarf zurückzuführen, daß sowohl in der persönlichen als auch in der gottesdienstlichen Frömmigkeit die konkrete Geste, die ihres Mißbrauchs und ihrer Veräußerlichung wegen in der Reformationszeit in Mißkredit geraten war, in den evangelischen Gottesdienst erneut Eingang findet. Die neutestamentliche Sitte der Handauflegung wird bei charismatischen Segnungs- und Heilungsgottesdiensten geübt; in einzelnen Gemeinschaften wird mit der Abendmahlsfeier eine Fußwaschung verbunden; dort ist auch der Versuch, heimische Speisegewohnheiten (Reis, Mais) in den Abendmahlsritus einzubringen, als Versuch zu werten, die sakramentale Wirklichkeit in ihrer materiellen Verfaßtheit wahrzunehmen. Aber auch in den protestantischen Traditionskirchen gibt es Bemühungen, den

---

[114] Man vergleiche G. Greshake (s. Anm. 23) mit M. Josuttis, Der Pfarrer ist anders. Aspekte einer zeitgenössischen Pastoraltheologie, München 1982!

sakramentalen Charakter von Taufe und Abendmahl durch nonverbale Elemente zu verdeutlichen. Die psychosomatische und die soziale Wirklichkeit des Menschen wird auf diese Weise spirituell ernstgenommen. Ob dies durch einen Verlust des Wort-Charakters des Sakraments erkauft ist, steht dahin. Es scheint jedoch andererseits, daß die römisch-katholische und die orthodoxen Kirchen, die sich ohnehin stark sakramental verstehen, sich nicht im gleichen Maße dem Wortcharakter des Sakraments, wie die evangelischen Kirchen ihn auffassen, geöffnet haben.

1.2 *Taufspiritualität*[115] hat in den christlichen Kirchen ein unterschiedliches Gepräge.

a) In den *orthodoxen Kirchen* lebt sie, soweit als spezifisches Phänomen überhaupt vorhanden, ganz von dem Gedanken der Integration in den geistlichen Leib Christi. Die Myron-Salbung wird unmittelbar nach dem Taufakt vollzogen, so daß an eine Zwischenphase wie bei der Praxis der römisch-katholischen Erstkommunion bzw. Firmung oder der evangelischen Konfirmation nicht gedacht werden kann; vielmehr darf das getaufte und gesalbte Kind sogleich an der Eucharistie teilnehmen. Dies zeigt an, daß hier stärker als der Taufakt selbst sein Ziel ins Auge gefaßt wird, nämlich die vollgültige Aufnahme in die Gemeinschaft der Kirche.

Die *römisch-katholische* Taufspiritualität ist stärker an der Tauferinnerung ausgerichtet, die sich bei der Erstkommunion, bei der Firmung, bei der Feier der Osternacht oder schlicht beim Eintauchen der Finger ins Weihwasserbecken einstellen soll.

Im *Protestantismus* hat erst die Entwicklung der letzten Jahre zu einer stärkeren Betonung der Tauferinnerung geführt — mit der Überreichung einer Taufkerze, eigenen Tauferinnerungsgottesdiensten oder der schlichten Tatsache, daß Taufen in der Regel innerhalb des sonntäglichen Gemeindegottesdienstes stattfinden. Seit den Zeiten der Reformation stehen sich jedoch mit der lutherischen und der täuferischen Tauftheologie zwei Grundoptionen gegenüber, die erst in

---

[115] Zur Sicht des Einheits-Rats vgl. Dir Nr. 92-101; zur lehrmäßigen Entwicklung vgl. in dieser Reihe: E. Geldbach, Taufe.

unserem Jahrhundert zueinander finden: Während für Luther die Taufe unmündiger Säuglinge, die von sich aus nicht die geringste eigene Leistung vorbringen können, den Inbegriff der Rechtfertigung allein aus Gnaden darstellt, betonen die Täufer und mit ihnen in gewisser Weise auch die Schweizer Reformatoren und später Karl Barth die Notwendigkeit der eigenen Entscheidung und des bewußten Bekenntnisses auf seiten des Glaubenden bzw. der Gemeinde. Der Gedanke, daß die Konfirmation dann das eigene Ja des als Kind Getauften gleichsam nachreichen soll, ist angesichts der heutigen Konfirmationspraxis alles andere als überzeugend. Für Luther hatte gerade die Säuglingstaufe eine überwältigende spirituelle Ausstrahlung und Kraft: Sie legte nach seinem Verständnis den Grund, auf dem allein christliche Existenz sich entfalten konnte. Wer getauft ist, darf sich nicht nur seiner Rechtfertigung vor Gott rühmen, sondern auch seiner Berufung zum allgemeinen, gegenseitigen und gemeinsamen Priestertum der Gläubigen. Sein Leben ist ein ständiges Zurückkehren zur Gnade der Anfänge; der Christ gilt als „ein für allemal getauft" und zugleich als „ständig neu zu taufend" („semel baptizatus — semper baptisandus"). Buße heißt daher das Grundmotto evangelischer Existenz, aber nicht im Sinne grimmiger Selbstanklage, sondern im Dank für die von Gott ohne jede Bedingung immer neu gewährte Sündenvergebung. Doch ist es der lutherischen Reformation insgesamt weder gelungen, dieses positiv gemeinte Bußverständnis in den Gemeinden durchzusetzen, noch auch, seine zum Handeln motivierende Kraft plausibel zu machen. Ganz im Gegensatz zur Hochschätzung der Taufe bei Luther führt die Taufe „in der evangelischen Frömmigkeit nach wie vor ein Schattendasein" (W. Pannenberg). In den meisten christlichen Konfessionen — mit Ausnahme der Baptisten — ist das nicht wesentlich anders. Vielleicht ist dies einer der Gründe dafür, daß die Taufe, die sich einer weithin gemeinsamen Anerkennung durch die Kirchen erfreut, ökumenisch bislang nicht wirklich bedeutsam geworden ist.

b) Auch hinsichtlich der *gegenseitigen Anerkennung* der Taufe muß man freilich genauer zusehen. Sie wird zwar formal zugestanden; was aber nützt das, wenn beim Fehlen der Myron-Salbung ein Getaufter eben doch nicht im Vollsinne als Christ gilt und beispielsweise bei Gottesdiensten auf dem Athos am Ende der Katechumenen-Messe aus dem Hauptraum der Kirche verwiesen wird? Die römisch-katholische Theologie betont immerhin: „Die Taufe begründet ... ein sakramentales Band der Einheit zwischen allen, die durch sie wiedergeboren sind" (UR 22). Unmittelbar in dem daran anschließenden Satz folgt freilich das „Dennoch": „Dennoch" sei sie nur ein „Anfang und Ausgangspunkt, ... hingeordnet auf die völlige Eingliederung in die Heilsveranstaltung, wie Christus sie gewollt hat" (ebd.), nämlich auf die römisch-katholische Kirche. Wenigstens sind sich Lutheraner, Reformierte und Baptisten in der gegenseitigen Anerkennung der Taufe näher gekommen, indem sie lernten, Taufe und Konfirmation als Bestandteile eines einzigen Geschehens, nämlich der christlichen „Initiation" zu verstehen (Louisville Consultation on Baptism 1979). Diese Grundeinsicht stellte dann auch die Basis für die in Lima formulierte Konvergenz mit anderen Kirchen dar.

c) Zunehmend stärker bringen die Kirchen zum Ausdruck, daß der Taufe ein bestimmter geistlicher *Lebensstil* entspricht. Schon die zwischen Lutheranern und Reformierten geschlossene Leuenberger Konkordie hatte festgestellt, in der Taufe nehme „Jesus Christus den der Sünde und dem Sterben verfallenen Menschen unwiderruflich in seine Heilsgemeinschaft auf, damit er eine neue Kreatur sei. Er beruft ihn in der Kraft des Heiligen Geistes in seine Gemeinde und zu einem Leben aus Glauben, zur täglichen Umkehr und Nachfolge" (LK 14). Dieser Gesichtspunkt kommt in vielen ökumenischen Dialogen über die Taufe zur Geltung und wird besonders in den Konvergenz-Erklärungen von Lima stark betont (Taufe 4, 7, 8, 9, 10). Nur unzureichend wurde freilich bisher formuliert, in welcher Weise gerade die aus dem jeweiligen Taufverständnis erwachsende Spiritualität die Angehörigen aller christlichen Kirchen miteinander verbindet. In den Lima-Texten findet sich immerhin ein Versuch in dieser Richtung:

„6. *Vollzogen im Gehorsam gegenüber unserem Herrn, ist die Taufe ein Zeichen und Siegel unserer gemeinsamen Jüngerschaft. Durch ihre eigene Taufe werden Christen in die Gemeinschaft mit Christus, miteinander und mit der Kirche* aller Zeiten und Orte geführt. Unsere gemeinsame Taufe, die uns mit Christus im Glauben vereint, ist so ein grundlegendes Band der Einheit (Eph 4,3-6). Wir sind ein Volk und berufen, einen Herrn an jedem Ort und auf der ganzen Welt zu bekennen und ihm zu dienen. Die Einheit mit Christus, an der wir durch die Taufe teilhaben, hat wichtige Folgen für die Einheit der Christen. ,... eine Taufe, ein Gott und Vater aller ...' (Eph 4,4-6). Wenn die Einheit der Taufe in einer, heiligen, katholischen und apostolischen Kirche realisiert wird, kann ein echtes christliches Zeugnis abgelegt werden für die heilende und versöhnende Liebe Gottes. Daher ist unsere eine Taufe in Christus ein Ruf an die Kirchen, ihre Trennungen zu überwinden und ihre Gemeinschaft sichtbar zu manifestieren."[116]

1.3 Die *Abendmahls- bzw. Eucharistiefrömmigkeit*[117] ist einerseits oft mit kirchenrechtlichen Regelungen, Brauchtum und Sitte verbunden, und sie hat andererseits in den verschiedenen Kirchen einen unterschiedlichen Stellenwert.

a) Die Bindung des Abendmahlsempfangs an eine asketische Grundhaltung und an konkrete, nur mit großer Disziplin einzuhaltende Fastenvorschriften hat in den orthodoxen Kirchen zu einer oft nur geringen Beteiligung an der Kommunion geführt; die Partizipation am eucharistischen Gottesdienst erfolgt dann über Gebet und Liturgie. Der praktizierende römisch-katholische Christ kommuniziert häufiger, wenn nicht täglich, so doch allsonntäglich, und er erlebt den Kommunionsempfang stark als Vergewisserung seiner Zugehörigkeit zur Gemeinschaft der Kirche — in Zeit und Ewigkeit. Davon ist seine gesamte Spiritualität bestimmt (s. oben S. 33ff). In den evangelischen Kirchen liegen die Dinge je nach konfessioneller Prägung unterschiedlich: Während das Abendmahl in den Freikirchen deutlich der Verkündigung nachgeordnet ist, gibt die Sitte des gesonderten, nur an

---

[116] Taufe, Eucharistie und Amt. Konvergenzerklärungen der Kommission für Glauben und Kirchenverfassung des ÖRK mit einem Vorwort von W.H. Lazareth und N. Nissiotis, Frankfurt a.M. / Paderborn ²1982, 10f.
[117] Zur Sicht des Einheits-Rats vgl. Dir Nr. 122ff; zur lehrmäßigen Entwicklung vgl. in dieser Reihe: E. Lessing, Abendmahl (ÖSt 1), Göttingen 1993.

bestimmten Tagen des Kirchenjahrs angebotenen Abendmahlsempfangs in den lutherischen Kirchen dem Herrenmahl ein eigenes, auf bestimmte Situationen oder auch
Gemeindegruppen („Stände") zugespitztes Gewicht. Während in der Vergangenheit, unterstützt durch vorausgehende
Beichtgottesdienste, die Sündenvergebung an den einzelnen
im Vordergrund stand, wird in den letzten Jahrzehnten
zunehmend der Gemeinschaftsaspekt des Mahles wieder entdeckt und in neuen Kommunikationsformen wie der „Liturgischen Nacht", dem „Feierabendmahl" oder der mit dem
Herrenmahl verbundenen „Agape" zum Ausdruck gebracht.
Obgleich die Abendmahlsbeteiligung in den evangelischen
Kirchen, statistisch gesehen, erheblich gestiegen ist, steht
dahin, ob dies als Anzeichen einer neuen evangelischen
Abendmahlsfrömmigkeit zu werten ist, die auch ökumenisch
relevant werden könnte.

b) Gerade beim Empfang des Abendmahls empfinden
Christen die *Spaltung der Christenheit* als besonders schmerzlich. Aus der Spiritualität der Gemeinschaft, des gegenseitigen Sich-Verzeihens und Sich-Annehmens, wie sie dem
Charakter des Herrenmahls entspricht, erwuchsen der ökumenischen Bewegung unübersehbare Impulse. Immer wieder setzten sich ungeduldige ökumenische Pressure-Groups
über kirchenrechtliche Bestimmungen ihrer jeweiligen Hei-
matkonfession hinweg, um die von Christus gewollte und
angebotene Gemeinschaft auch äußerlich, und zwar gerade
am Tisch des Herrn, an dem sie ohnehin als Selbstverständ-
lichkeit erscheinen mußte, zu verwirklichen („communions
sauvages"). Ehepartner, die in einer konfessionsverschiedenen Ehe leben, empfinden die gerade in der Abendmahlsfrage
bestehenden Spannungen zwischen den Kirchen als besonders belastend.

Zwischen einer Reihe von Kirchen wurde in den vergange-
nen Jahren die volle Abendmahlsgemeinschaft verwirklicht,
so zwischen Lutheranern und Reformierten (Leuenberger
Konkordie), zwischen Waldensern und Methodisten, Methodisten und Lutheranern, Anglikanern und Altkatholiken
sowie zwischen der Kirche von England und der Evangelischen Kirche in Deutschland. In anderen Fällen wurde ein
Modus der „Zulassung" gefunden: Der Reformierte Weltbund beschloß bereits 1954, „jede getaufte Person, die Jesus

Christus als Herrn und Heiland liebt und bekennt", zum Herrenmahl zuzulassen. Ähnlich stellt die Handreichung der VELKD 1975 fest, daß „der Zugang zum Tisch des Herrn im Grundsatz jedem getauften Christen offensteht, der im Vertrauen auf Christi verheißendes Wort hinzutritt, wie es in den Worten seiner Stiftung laut wird". Orthodoxe Christen werden von den Katholiken zur Teilnahme an der Eucharistie eingeladen, nicht aber Katholiken von den Orthodoxen, die bisher jede Form von Interkommunion ablehnen. Im Rahmen „eucharistischer Gastfreundschaft" können gegebenenfalls evangelische Christen an der römisch-katholischen Messe teilnehmen, während die Teilnahme am evangelischen Abendmahl Katholiken von ihrer Kirche untersagt ist. Sowohl in der römisch-katholischen als auch in den orthodoxen Kirchen hilft man sich gelegentlich mit Sonderregelungen und Dispensen.

c) Daß die geschilderten Praxen einer ökumenischen *Abendmahlsfrömmigkeit* nicht gerade bekömmlich sind, bedarf keiner besonderen Erläuterung. Wenigstens begegnet in vielen Kirchen ein Bewußtsein davon, daß die bestehende Situation letztlich untragbar ist, dem Stiftungswillen Christi widerspricht und der christlichen Rede von der Liebe ins Gesicht schlägt. Auch im Schmerz kann ökumenische Spiritualität bestehen! In diesem Sinn bemühen sich die Konvergenz-Erklärungen von Lima um die Anstiftung zu einer dem Abendmahl entsprechenden Frömmigkeit, indem sie auf seine ethischen Implikationen hinweisen:

„20. Die Eucharistie umgreift alle Aspekte des Lebens. Sie ist ein repräsentativer Akt der Danksagung und Darbringung für die ganze Welt. Die eucharistische Feier fordert Versöhnung und Gemeinschaft unter all denen, die als Brüder und Schwestern in der einen Familie Gottes betrachtet werden, und sie ist eine ständige Herausforderung bei der Suche nach angemessenen Beziehungen im sozialen, wirtschaftlichen und politischen Leben (Mt 5,23f; 1 Kor 10,16f; 11,20-22; Gal 3,28). Alle Arten von Ungerechtigkeit, Rassismus, Trennung und Mangel an Freiheit werden radikal herausgefordert, wenn wir miteinander am Leib und Blut Christi teilhaben. Durch die Eucharistie durchdringt die alles erneuernde Gnade Gottes die menschliche Person und Würde und stellt sie wieder her.

Die Eucharistie nimmt den Gläubigen hinein in das zentrale Geschehen der Geschichte der Welt. Als Teilnehmer an der Eucharistie erweisen wir uns daher als unwürdig, wenn wir uns nicht aktiv an der ständigen Wiederherstellung der Situation der Welt und der menschlichen Lebensbedingungen beteiligen. Die Eucharistie zeigt uns, daß unser Verhalten der versöhnenden Gegenwart Gottes in der menschlichen Geschichte in keiner Weise entspricht: Wir werden ständig vor das Gericht gestellt durch das Fortbestehen der verschiedensten ungerechten Beziehungen in unserer Gesellschaft, der mannigfachen Trennungen aufgrund menschlichen Stolzes, materieller Interessen und Machtpolitik und vor allem der Hartnäckigkeit ungerechtfertigter konfessioneller Gegensätze innerhalb des Leibes Christi."[118]

2. Probleme

2.1 An den Sakramenten orientierte Spiritualität hängt eng mit dem jeweiligen *Selbstverständnis der Kirchen* zusammen. Daß sich die vorliegenden Probleme nicht durch theologische Klärungen allein lösen lassen, zeigt eine doppelte Beobachtung: Baptistische und nicht-täuferische reformatorische Kirchen konnten sich in der Tauffrage einander annähern, obwohl auf beiden Seiten grundsätzliche theologische Bedenken bestehen bleiben, während sich lutherische und römisch-katholische Kirche im Abendmahlsverständnis theologisch vergleichsweise nahe kamen, ohne daß sich — jedenfalls auf katholischer Seite — an den bestehenden Regelungen etwas änderte. Der Schlüssel zur Sakramentsfrage liegt somit in der Ekklesiologie — im Selbstverständnis der Kirchen.[119] Die entscheidende Frage lautet: Definiert eine Kirche die Sakramentsproblematik von ihrem Selbstverständnis her — oder definiert sie ihr Selbstverständnis (und dann auch die Sakramentsproblematik) von außerhalb ihrer selbst — vom

---

[118] A.a.O. (siehe Anm. 116), 24.
[119] Vgl. dazu in dieser Reihe: J. Haustein, Kirche.

„Herrn der Kirche" — aus? Im Blick auf das Taufgeschehen sieht beispielsweise die römisch-katholische Kirche eine Möglichkeit, mit dem vollgültigen Handeln des dreieinigen Gottes auch außerhalb ihrer selbst zu rechnen. Im Blick auf das Abendmahlsgeschehen geht man in den lutherischen Kirchen davon aus, daß letztlich nicht eine Kirche, sondern Jesus Christus selbst der Einladende ist.

2.2 Spiritualität ist einerseits *Voraussetzung,* andererseits auch *Folge* eines neuen Umgangs mit der ökumenischen Bedeutung der Sakramente. Wie verhält sich beides zueinander? Der ÖRK hat sich 1975 in Nairobi zur Aufgabe gesetzt, auf eine „sichtbare Einheit in dem einen Glauben und in der einen eucharistischen Gemeinschaft" hinzuarbeiten. Vor allem in der römisch-katholischen und in den orthodoxen Kirchen ist man der Überzeugung, daß Abendmahlsgemeinschaft nur Ziel, nicht aber Mittel ökumenischer Einheitsbemühungen sein kann. Selbst wenn man diese Auffassung teilt, entsteht jedoch im Blick auf eine dem Herrenmahl entsprechende Frömmigkeit die Frage: Inwieweit kann das in den verschiedenen Kirchen mit so unterschiedlichem Verständnis und so problematischen Regelungen gefeierte Abendmahl überhaupt ökumenische Spiritualität freisetzen — oder muß gerade in diesem Bereich eine bereits vorhandene lebendige ökumenische Spiritualität die konfessionellen Beeinträchtigungen ignorieren, untergraben und auf diese Weise abzubauen versuchen?

3. Aufgaben

3.1 Ohne Frage bleibt gerade im Bereich der Sakramente — trotz begrenzter Reichweite — die weitere *theologische Klärung* eine der wichtigsten Aufgaben. In Leuenberg hatte sich der gemeinsame Versuch, die einschlägigen Aussagen der Heiligen Schrift neu zu hören und tiefer zu verstehen, als ökumenisch fruchtbar erwiesen. Im Blick auf die Gesamtentwicklung würde sich darüber hinaus vermutlich zeigen lassen, daß die Rezeption psychologischer und soziologischer Einsichten das Sakramentsverständnis bereichert hat. Eine neue Bemühung um die Verbindung exegetischer Beobachtungen mit humanwissenschaftlichen Erkenntnissen könnte traditionelle konfessionelle Barrieren relativieren und neue Horizonte erschließen.

3.2 Trotz aller Einschränkungen, die auch hier noch bestehen, gilt doch die *Taufe* als ein *Band,* das die Christen aller Konfessionen miteinander verbindet. Das Wissen darum muß in Richtung auf eine gemeinsame Identität der Glaubenden ausgebaut werden. Die Erneuerung des Taufbewußtseins überhaupt sollte mit der Gründung bzw. Vertiefung eines ökumenischen Taufbewußtseins einhergehen, wie dies beispielsweise ein Synodalbeschluß der Evangelischen Kirche im Rheinland 1993 betont. Im liturgischen Vollzug des Taufakts selbst könnte deutlich gemacht werden, daß ein Mensch, weil er nun in den Herrschaftsbereich Christi hineingenommen wird, nicht nur in die Institution seiner Konfession, sondern zugleich in die weltweite Christenheit hinein getauft wird. Tauferinnerung wäre dann zugleich Erinnerung an die Berufung zur aktiven Mitgliedschaft und Mitarbeit in der Ökumene!

3.3 Im Blick auf das *Herrenmahl* stellt sich eine doppelte Aufgabe. Zum einen wird hier der *ökumenische Leidensdruck* besonders offensichtlich. Es kann auch ein Zeichen echter ökumenischer Spiritualität sein, diesen Leidensdruck nicht durch vorschnelle Aktionen zu verdrängen, sondern ihn auszuhalten. Das Leiden an der Kirche und insbesondere an ihrer Gespaltenheit ist eine Form der Teilnahme am Leiden Gottes, den, wenn diese anthropomorphe Redeweise hier erlaubt ist, gewiß der Zustand seiner Christenheit schmerzt. Erfahrungen, die in diesem Leiden unter den unterschiedlichen Vorzeichen konfessioneller Vorgegebenheiten gemacht werden, können ausgetauscht und geteilt werden: Auch dies wäre ein Akt ökumenischer Spiritualität. Warum verletzt die Trennung am Tisch des Herrn den Lutheraner mehr als den Angehörigen einer Pfingstkirche, warum hat der Orthodoxe vor dem Kommunionsempfang in einer anderen Konfession eine größere Scheu als der Katholik? Vielleicht steht vor dem gemeinsamen ökumenischen Glaubensbekenntnis erst einmal das ökumenische Leidensbekenntnis.

Andererseits läßt sich möglicherweise eine gegenläufige Überlegung geltend machen. Die römisch-katholische Theologie kennt den Gedanken der „intentionalen" Partizipation an der Eucharistie, d. h. die Möglichkeit, daß die Kommunion als empfangen gilt, wenn der Gläubige das innere Verlangen nach ihr hatte, aber aufgrund äußerer Umstände nicht real an ihr teilnehmen konnte. Diese aus evangelischer Sicht gewiß problematische Konstruktion könnte aber doch einen interessanten ökumenischen Impuls enthalten: Christen, die an der Abendmahlsfeier ihrer eigenen Konfession teilnehmen, könnten sich dessen bewußt werden, daß, zwar von ihnen getrennt, andere Christen, entsprechend deren Verständnis, ebenfalls am Mahl des Herrn teilnehmen. Auch sie haben die Intention, die Worte der Einsetzung des Herrenmahls — „für euch gegeben, für euch vergossen" — sich gelten zu lassen. Trotz der noch immer unüberwindbar erscheinenden Barrieren kann doch wenigstens die Intention zum gemeinsamen eucharistischen Mahl über die Grenzen der Konfessionen hinweg als ökumenisch bedeutsam festgehalten, theologisch reflektiert und liturgisch ausgestaltet werden.

3.4 Es besteht ein merkwürdiger Widerspruch zwischen der ökumenischen Bedeutung der *Taufspiritualität* und derjenigen der *Abendmahlsfrömmigkeit*. Die Entwicklung einer den Kirchen gemeinsamen Taufspiritualität ist vergleichsweise leicht denkbar, die einer gemeinsamen Abendmahlsfrömmigkeit dagegen vorerst kaum. Eine wesentliche ökumenische Aufgabe dürfte daher darin bestehen, die Spiritualitäten der beiden Sakramente aufeinander zu beziehen. Wenn die Taufe als das Sakrament christlicher Identität begriffen werden darf, was freilich Gemeinschaft und Solidarität einschließt, und wenn die Abendmahlsfeier als Sakrament christlicher Solidarität verstanden werden darf, das freilich die christliche Identität einerseits voraussetzt, andererseits festigt und vertieft, dann muß gerade die Beziehung der beiden Sakramente aufeinander ökumenisch fruchtbar sein. Wie können diejenigen, die sich in ihrem Getauftsein, in ihrer Integration in den Leib Christi, gegenseitig anerkennen, sich am Tisch Christi auf Dauer aus dem Weg gehen? Die im Blick auf die Taufe wenigstens prinzipiell erreichte Gemeinsamkeit muß im Blick auf die in der Eucharistie erst noch zu erreichende Gemeinsamkeit ausgewertet und genutzt werden.

V. Liturgie

In der Liturgie faßt sich die Spiritualität vieler einzelner Glaubender zusammen. Das individuell sich gestaltende Gebet und die durch eigene Wahrnehmung bestimmte Lesung treten hier in einen transsubjektiven Zusammenhang, ohne daß die jeweiligen Eigenprägungen dabei gänzlich verlorengingen. Insofern ist die Liturgie von vornherein ein Medium der Vermittlung individueller Glaubensausprägungen, ein „ökumenisches" Medium, das sich aus der Gemeinschaft der Vielen speist und auf diese Vielen hin wieder Kräfte entläßt. Umso stärker fällt es ins Gewicht, wenn inmitten einer gemeinsam erlebten Liturgie angesichts des gemeinsam zu feiernden Herrenmahls die individuellen konfessionellen Profile wieder scharf und unüberbrückbar auseinandertreten. Je intensiver eine liturgische Annäherung gelingt, desto unerträglicher wird das Skandalon der Trennung am Tisch des Herrn. Wird der Gottesdienst, statt „Ort der Einheit" zu sein, zum „Ort der Spaltung", die Liturgie zur „Epiphanie der Spaltungen des Leibes Christi"[120]?

1. Spirituelle Prozesse und vorläufige Resultate

Die spirituelle Bedeutung der Liturgie wird im ökumenischen Kontext auf unterschiedliche Weise wahrgenommen. Zunächst bleibt es nicht ohne ökumenische Auswirkungen, die liturgischen Formen der eigenen Tradition wiederzuentdecken, sie zu erneuern und geistlich zu durchdringen. Es kann darüber hinaus ein beglückendes Erlebnis sein, die Liturgie einer anderen Konfession wenigstens ansatzweise innerlich zu verstehen und mitzuvollziehen. Die Teilnehmer

---

[120] T. Berger, Gottesdienst: Ort der Spaltung – Ort der Einheit, in: US 42 (1987) 74-88 (Zitat: 79).

und Teilnehmerinnen an ökumenischen Versammlungen haben immer wieder von der großen Ausstrahlung gemeinsam gefeierter Gottesdienste berichtet. Ökumenisches Liedgut — in vielen Sprachen singbar — hat in diesem Zusammenhang große Bedeutung gewonnen. Trotzdem wäre es kurzschlüssig, die Krise zu ignorieren, in die insbesondere die gottesdienstliche Praxis aller Kirchen geraten ist.

1.1 Die *liturgische Erneuerung* hat in vielen der abendländischen Tradition verpflichteten Konfessionen das ökumenische Bewußtsein vertieft. Dies gilt in Ansätzen bereits von den protestantischen Liturgiereformen des 19. Jahrhunderts, ganz besonders aber von der Oxford-Bewegung. Im England des vorigen Jahrhunderts löste sie eine starke Rückwendung zu altkirchlichem Gedankengut und entsprechenden Gottesdienstformen, in einzelnen Fällen auch Konversionen zur römisch-katholischen Kirche aus (John Henry Newman). In Deutschland bildete sich die Hochkirchliche Vereinigung, zu der vor allem in den skandinavischen Kirchen ähnliche Bewegungen traten. Das „Berneuchener Buch" sammelt den Ertrag der in Berneuchen geleisteten Arbeit. Wilhelm Stählin und Karl Bernhard Ritter erneuerten die reformatorische „Deutsche Messe", die in den Gottesdiensten der Evangelischen Michaelsbruderschaft noch immer gefeiert wird und den heutigen lutherischen Gottesdienstordnungen zugrunde liegt. Die „Berneuchener" engagierten sich zugleich für die Wiedergewinnung des Tagzeitengebets und der Osternachts-Feier. Liturgische Arbeit verweist zurück auf die Frage nach dem urchristlichen Gottesdienst und damit nach dem gemeinsamen Grund der so unterschiedlichen christlichen Gottesdienstformen; sie macht aber auch sensibel für spezifische geistliche Anliegen besonderer liturgischer Traditionen. Der ursprünglich katholische, dann in die evangelische Kirche übergetretene Theologe Friedrich Heiler konnte das so ausdrücken:

> *„Alle späteren Gottesdienstformen bedeuten im Grunde nur eine Vereinseitigung bestimmter Elemente des urchristlichen Gottesdienstes. Die orthodoxe Kirche des Ostens hat den Gedanken des Mysteriendramas, der Anbetung und der Verklärung in den Vordergrund gerückt, die römische Kirche die*

Idee der objektiven actio, der realen Erneuerung der Heilstat Christi, das Luthertum die Verkündigung des Evangeliums, die Frohbotschaft von Gottes sündenvergebender Liebe, der Calvinismus den völlig geistigen, von jedem Ritualismus gereinigten Kultus der Ehre Gottes, die evangelischen Sekten teils den Gedanken der gottesdienstlichen Liebesgemeinschaft, teils den charismatischen Enthusiasmus".[121]

Die einschneidendsten liturgischen Reformen hat die nach-konziliare römisch-katholische Kirche erlebt: Seither wird die Eucharistie weitgehend in der Landessprache gefeiert, neben der Predigt haben Schriftlesungen an Gewicht gewonnen, einzelne Elemente wie die Neuanordnung des Altars und die liturgische Handlung im Gegenüber zur Gemeinde („versus populum") oder der gegenseitig ausgetauschte Friedensgruß haben die Liturgie erneuert und verlebendigt. In den orthodoxen Kirchen gibt es zwar kaum Ansätze zu liturgischen Reformen, aber doch eine bemerkenswerte Erneuerung der Theologie der Liturgie. In der Bemühung um die jeweils eigene Liturgie kommen die Kirchen nicht umhin, auch einander zu begegnen; daran führt kein Weg vorbei. Die Frage ist hier eher, inwieweit sie sich überhaupt für ihre Liturgien interessieren lassen!

1.2 Schon im Rahmen liturgischer Erneuerung kam es zu einer Reihe von *Übernahmen und Angleichungen.* Während der Gregorianische Choral vor allem in die lutherischen Agenden Eingang fand, begegnen im katholischen „Gotteslob" nicht wenige Lieder evangelischer Herkunft. Unter dem Eindruck orthodoxer Osterliturgien hat sich in manchen evangelischen Gemeinden die Feier der Osternacht durchgesetzt. Die Rückholung der Taufe in den Sonntagsgottesdienst ist in den evangelischen Kirchen weithin gelungen, in orthodoxen Kirchen immerhin diskutiert. Die römisch-katholische Sitte des Friedensgrußes während der Eucharistiefeier wird wenigstens teilweise auch in evangelischen Gemeinden geübt. Ostkirchliche Gesänge erklingen in den evangelischen

---

[121] In: F. Heiler, Katholischer und evangelischer Gottesdienst, München ²1925, 27.

ebenso wie in den katholischen Gottesdiensten. In einzelnen evangelischen Gemeinden begegnet sogar der wiedergewonnene Gestus der Selbstbekreuzigung. Unter Vermittlung vor allem der Communauté de Taizé haben sich Lieder, die in ihrer Schlichtheit von vornherein ökumenischen Zuschnitt hatten, in der Jugend nahezu aller Konfessionen durchgesetzt. Die Ikone hat auch in westkirchlichen Gemeinden eine neue Bedeutung gewonnen. Viele derartige liturgische Übernahmen aus anderen Konfessionen sind kirchenamtlich weder angeregt noch ausdrücklich gebilligt; die Gemeinden selbst suchen nach neuen, ihren Glauben bereichernden Formen, und greifen sich dabei, was ihnen hilfreich erscheint.

Daneben gibt es in vielen Ländern den Versuch, auch „offiziell" zu gemeinsamen Formen und Texten zu gelangen. Als schmerzlich wurde es lange Zeit empfunden, daß die liturgischen Elementartexte der Christenheit — wie Glaubensbekenntnis, Vaterunser, Gloria Patri u. a. — in getrenntem Wortlaut vorlagen. Im deutschen Sprachraum hat die Arbeitsgemeinschaft für liturgische Texte neue und inzwischen approbierte Formulierungen vorgelegt. Für die englischsprachigen Länder wurde eine Sammlung gemeinsam gebrauchter Gebete (Prayers We Have in Common 1975, Praying Together 1989) und ein gemeinsam verwendbares Lektionar (Common Lectionary 1983) erarbeitet. Die Arbeitsgemeinschaft für ökumenisches Liedgut hat über hundert Liedtexte in einer gemeinsamen ökumenischen Fassung zusammengestellt. Vorschläge für die Gestaltung ökumenischer Gottesdienste[122] und gemeinsame Formulare für die ökumenische Trauung wurden erarbeitet[123].

Ökumenisch kaum fruchtbar geworden sind bislang allerdings neue liturgische Vorstöße, wie sie sich in feministisch engagierten Gruppen (s. oben S. 79f, 84f) oder auf den deutschen evangelischen Kirchentagen zeigten (Feierabendmahl, Liturgische Nacht).

---

[122] K. Schlemmer (Hg.), Gottesdienst – Weg zur Einheit. Impulse für die Ökumene, QD 122, sowie ders. (Hg.), Gemeinsame Liturgie in getrennten Kirchen?, QD 132.
[123] W. Schöpsdau, Konfessionsverschiedene Ehe. Ein Handbuch, BenshH 61, bes. 147ff.

1.3 Innerhalb der ökumenischen Bewegung selbst hatten Liturgie und Gottesdienst eine *wechselnde Stellung*. Immerhin wurde schon auf der 2. Weltkonferenz für Glauben und Kirchenverfassung in Edinburgh 1937 gefordert, die verschiedenen christlichen Liturgien zusammenzustellen und miteinander zu vergleichen (Ways of Worship, London 1951). Das Ergebnis war allerdings, daß man bei der darauf folgenden Weltkonferenz feststellen mußte: „Im Gottesdienst werden wir mit dem Problem, ja der Sünde der Un-Einheit der Kirche am schärfsten konfrontiert."[124] Eine Kommission leistete dann die Vorarbeit für den Sektionsbericht 1963 in Montreal „Der Gottesdienst und die Einheit der Kirche Christi". Alsbald aber verschob sich der Akzent hin zu der als brennend empfundenen Frage nach der Krise des Gottesdienstes in einer säkularen Welt. Einen mächtigen Impuls erhielt die liturgisch orientierte Spiritualität der Ökumene dann aber durch die Lima-Liturgie, die am 15.1.1982 in Lima erstmals gefeiert wurde; orthodoxe und römisch-katholische Kommissionsmitglieder nahmen an ihr teil, ohne jedoch zu kommunizieren. In Vancouver 1983 wurde die Feier der Lima-Liturgie zum großen ökumenischen Ereignis. Die Lima-Liturgie lädt in einer Litanei ein zur Bitte um Einheit:

„Daß wir befähigt werden, die Einheit des Geistes zu wahren durch den Frieden, der uns zusammenhält, und gemeinsam zu bekennen: Ein Leib und ein Geist; ein Herr, ein Glaube und eine Taufe, laßt uns den Herrn anrufen: Gemeinde: *Kyrie eleison.*

Daß wir bald die sichtbare Gemeinschaft im Leib Christi erlangen und am selben Tisch das Brot brechen und den Kelch segnen, laßt uns den Herrn anrufen: Gemeinde: *Kyrie eleison.*

Daß wir, versöhnt mit Gott durch Christus, befähigt werden, die Ämter gegenseitig anzuerkennen und vereint zu sein im Dienst der Versöhnung, laßt uns den Herrn anrufen: Gemeinde: *Kyrie eleison."*[125]

---

[124] L. Vischer (Hg.), Die Einheit der Kirche. Material der ökumenischen Bewegung, ThB 30, 118.
[125] In: Frieder Schulz, Die Lima-Liturgie. Die ökumenische Gottesdienstordnung zu den Lima-Texten. Ein Beitrag zum Verständnis und zur Urteilsbildung, Kassel 1983, 12.

Vor allem die orthodoxen Kirchen, die sich an ihre angestammten Liturgien gebunden fühlen, haben mit der Lima-Liturgie Schwierigkeiten; sie entspricht ja allzudeutlich westlicher liturgischer Tradition. Auch Impulse aus neuen liturgischen Erfahrungen, wie sie in den lateinamerikanischen Basisgemeinden gemacht wurden, sind, obwohl die Liturgie doch zum ersten Mal in einem lateinamerikanischen Land gefeiert wurde, nicht aufgenommen. Zudem handelt es sich natürlich nicht um eine gewachsene, sondern eine (weitgehend von Max Thurian) konstruierte Liturgie. Sie möchte möglichst viele ökumenische Elemente aufnehmen und gerät daher notwendig plerophorisch. Man hat darüber hinaus gefragt, ob eine für alle Kirchen einheitliche Liturgie im Interesse einer sich plural verstehenden Ökumene überhaupt wünschenswert sei. „Missa oecumenica?" Ein römisch-katholischer Autor kommt zu dem Ergebnis, daß die Lima-Liturgie durchaus sogar innerhalb der katholischen Kirche als „Meßformular" verwendet werden könnte. Dann entstünde freilich die „fatale, wirklich entlarvende Situation, daß mit den gleichen Worten in verschiedenen Kirchen Eucharistie gefeiert würde, von denen, im Verständnis der katholischen Kirche, die einen gültig wären und die anderen nicht, je nachdem eben, ob ein als gültig ordiniert geltender Amtsträger der Feier vorsteht oder nicht."[126] Die Fragen liturgischer Ökumenizität sind durch Lima also keineswegs geklärt. Trotzdem trägt der vorgelegte und inzwischen in vielen Elementen abgewandelte und an regionale Traditionen angepaßte Text viel zur ökumenischen Bewußtwerdung bei.

2. Probleme

2.1 Die *Übernahme fremden liturgischen Guts* in die eigene Tradition wirkt gelegentlich willkürlich und unausgereift. Wenn im „Gotteslob" von einem evangelischen Choral aus dem 17. Jahrhundert einzelne Strophen belassen, andere

---

[126] A. A. Häussling, Eine „missa oecumenica"? Eine katholische Lektüre der Lima-Liturgie, in: Berliner Theologische Zeitschrift 2 (1989) 170-180 (Zitat: 179).

modifiziert, und wenn schließlich weitere Strophen hinzuge-
dichtet werden, dann erweckt das zwar den Schein von
Gemeinsamkeit, stellt in Wahrheit aber eine problematische
Form der Aneignung dar. Im übrigen wird von den Kirchen
nicht nur christliches Liedgut aufgegriffen: Ist es zu verant-
worten, nach der Ausrottung der Indianer nun unter christlichen Vorzeichen sich indianischer Texte zu bedienen („Jeder
Teil dieser Erde / ist meinem Volk heilig ...")? An diesem Beispiel wird überdeutlich: Wenn zwei das gleiche sagen (bzw.
singen), ist es noch längst nicht das gleiche! Dies gilt auch im
Blick auf die christlichen Konfessionen.

Übernommenes liturgisches Gut wird zudem ökumenisch
nur fruchtbar, wenn es als fremd erkennbar bleibt. Nur wenn
ich mir die Tradition des anderen nicht einfach aneigne, sondern mir dessen bewußt bleibe, woher es kommt, von welchen Menschen es hervorgebracht wurde und heute geteilt
wird, gewinnen Texte, musikalische Weisen oder auch Gesten
eine ökumenische Brückenfunktion. Wie kann ein Katholik
„Ein' feste Burg ..." im Bewußtsein der Entstehungsge-
schichte dieses Liedes singen, wie kann ein Protestant den
„Akathistos Hymnos", den alten Lobpreis auf Maria aus
dem 6. und 7. Jahrhundert, mindestens mit Andacht hören?
Gerade in ihrer Widerständigkeit gegeneinander können die
verschiedenen liturgischen Traditionen einander befruchten.

Bei dem Versuch, für die großen liturgischen Stücke einen
gemeinsamen Wortlaut zu finden, wurde diese Widerständigkeit gelegentlich nicht beseitigt. Im dritten Artikel des Glau-
bensbekenntnisses geht der Wortlaut in den deutschen Kirchen auseinander: „Ich glaube ... die heilige christliche Kirche", so der „evangelische" Text, „die heilige katholische Kirche", so die „katholische" Version. Aber auch dies wird nicht
ökumenisch fruchtbar, weil man sich an die Fassung in der
eigenen Konfession gewöhnt hat, ohne sich durch die der
anderen Konfession anfechten zu lassen oder auch nur an sie
zu erinnern. Dabei hätte es jedenfalls für die deutsche Situation vermutlich einen ökumenischen Lerneffekt gehabt, hätte
man sich dazu entschließen können, mindestens auf Zeit
innerhalb der eigenen Konfession gerade die ihr fremde Fassung zu übernehmen: Die Katholiken hätten dabei gelernt,
daß die Kirche Christi nicht auf ihre Konfession begrenzt ist,
und die Protestanten hätten ein neues Verhältnis zum Begriff

der Katholizität gewonnen. Nicht Angleichung und Abschleifung des konfessionellen Profils überkommener Liturgien führt ökumenisch weiter, sondern Auseinandersetzung mit dem Widerständigen!

2.2 Eine schwere Belastung für die Möglichkeit der Kirchen, einander liturgisch näherzukommen, besteht in der *Usurpation des Sonntags* und seines Vorabends durch die römisch-katholische Eucharistiefeier: Ökumenische Gottesdienste dürfen nur während der Woche und allenfalls, unter gewissen Kautelen, am Sonntagnachmittag oder -abend gehalten werden:

„… Nach apostolischer Überlieferung gehören Herrentag und Herrenmahl zusammen. Durch alle Jahrhunderte hat die katholische Kirche daran festgehalten, daß die Feier des Auferstehungstages die Zusammenkunft zur sakramentalen Feier des Todes und der Auferstehung Christi in der Eucharistie erfordert …

… Nach katholischem Verständnis kann ein Wortgottesdienst die Eucharistiefeier am Sonntag nicht ersetzen. Deshalb ist der Vorabend des Sonntags und der Sonntagvormittag für die Eucharistie freizuhalten. Aus wichtigen Gründen können ökumenische Gottesdienste am Sonntagnachmittag und Sonntagabend gehalten werden, wenn die Teilnehmer zuvor Gelegenheit zum Besuch der Eucharistiefeier hatten und wenn eine Eucharistiefeier zu ortsüblicher Zeit dadurch nicht verdrängt wird. …" [127]

Es wird zwar behauptet, daß dies nicht eine Geringschätzung des evangelischen oder orthodoxen Gottesdienstes bedeute, faktisch ist es aber schwerlich anders zu verstehen. Daß der damalige Ratsvorsitzende der EKD diese Regelung durch seine Unterschrift mittragen konnte, hat mit dazu geführt, daß ökumenische Gottesdienste im Bewußtsein der Gemeinden an den Rand gerückt sind. Die hier und da sich abzeichnende Entwicklung, katholisch nicht besetzte Feier-

---

[127] Aus: Den Sonntag feiern. Gemeinsames Wort der Deutschen Bischofskonferenz und des Rates der Evangelischen Kirche in Deutschland, 1984; vgl. neuerdings Dir Nr. 115!

tage wie etwa den Buß- und Bettag als Ausweichtermine für ökumenische Gottesdienste zu verwenden, würde zu einer weiteren Verarmung des ohnehin nicht sehr farbenreichen evangelischen Kirchenjahres führen.

2.3 Ein völlig ungeklärtes Problem ist die Frage, wie sich christliche Liturgie und christlicher Gottesdienst zu *außerchristlichem Kult* verhalten. Gibt es für kultisches Handeln in allen Religionen eine gemeinsame anthropologische Basis, von der aus christliche Liturgie berechtigt wäre, außerchristliches Gut zu adaptieren? Gibt es theologische Argumente für eine liturgische Praxis, die sich außerhalb von Europa oder Nord-Amerika kulturelle oder gar religiöse Vorgegebenheiten innerhalb des Kontextes, in dem sie sich realisieren soll, zunutze machen könnte? Muß eine christliche Liturgie ebenso wie das Christentum insgesamt in den ihm ursprünglich fremden kulturellen Räumen gleichsam „Topfblume" ohne eigene Wurzeln im fremden Erdreich bleiben (D. T. Niles)? Läßt sich hier von der Inkarnation her argumentieren? Wie sind die pneumatologischen Anstöße zu beurteilen, wie sie die koreanische Professorin Chung Hyung Kyung der Vollversammlung des ÖRK 1991 in Canberra zu vermitteln versuchte — durch Tanz und Anrufung der Geister?

„Komm, Ruach Hagars, einer Ägypterin, einer schwarzen Magd, die von Abraham und Sarah, unseren Vorfahren im Glauben, ausgebeutet und verlassen wurde ...
Komm Ruach der Johanna von Orleans und der vielen anderen Frauen, die bei den Hexenprozessen im Mittelalter verbrannt wurden ...
Komm, Ruach der Urvölker der Erde, die dem Völkermord in der Kolonialzeit und in der Epoche der großen christlichen Heidenmission zum Opfer fielen ...
Komm, Ruach der Juden, die im Holocaust in den Gaskammern ermordet wurden.
Komm, Ruach von Mahatma Gandhi, Steve Biko ...
Komm, Ruach der Soldaten, Zivilisten und Lebewesen im Meer, die zur Zeit im blutigen Golfkrieg sterben.
Komm, Ruach von Erde, Luft und Wasser, von menschlicher Geldgier vergewaltigt, gefoltert und ausgebeutet.

Komm, Ruach des Befreiers, unseres Bruders Jesu, der am Kreuz gefoltert und getötet wurde."[128]

Manches spricht dafür, daß eine trinitarisch orientierte Spiritualität viele vordergründig disparat erscheinende liturgische Elemente integrieren könnte. Aber ausdiskutiert sind diese Fragen noch lange nicht.

3. Aufgaben

3.1 Wie können die Kirchen ihren eigenen Mitgliedern, aber auch den Angehörigen anderer Konfessionen und Fernstehenden einen *Zugang zu ihren liturgischen Traditionen* eröffnen? Es muß wieder erkennbar werden, inwiefern es eine spirituelle Bereicherung bedeutet, sich mit jahrhundertealten Formeln und Gesten oder auch mit aus fremden Kulturen stammenden Symbolen zu beschäftigen. Dies wird nicht möglich werden ohne einen Lernvorgang, der über das bloße Einüben hinaus auch das rationale Verstehen mit einbezieht. Das heißt: Die Liturgie im einzelnen und im ganzen muß erklärt werden. Das Gloria Patri beispielsweise muß als mystischer Gesang wiederentdeckt werden, über die Geste des Entzündens einer Kerze muß nachgedacht werden. Sensibel gilt es, die liturgische Sprache fremder Konfessionen auf deren Gehalt hin abzuhorchen: Was kann der Katholik von der Sprödigkeit eines reformierten Gottesdienstes lernen, der Reformierte von der Struktur eines römisch-katholischen Hochamts, welche kritischen Anfragen werden sie aber auch einander zu stellen haben?

Bei dem Versuch, die spirituelle Dimension der Liturgie und ihrer verschiedenen konfessionellen Ausprägungen zu erfassen, dürfte sich die Einbeziehung der Humanwissenschaften als hilfreich erweisen: Psychologie, Soziologie, Kommunikations-und Verhaltensforschung[129].

---

[128] E. Raiser, Spiritualität und Partizipation. Eindrücke aus Frauensicht in Canberra 1991, nach: ÖR 40 (1991) 381.

[129] D.Stollberg, Psychologische Aspekte der Liturgiewissenschaft, in: K. Schlemmer (Hg.), Gemeinsame Liturgie in getrennten Kirchen?, QD 132, 119-133.

3.2 *Neue liturgische Formen* wollen wahrgenommen und erprobt werden. Die Ökumene bietet dazu eine überwältigende Fülle von Vorschlägen, sei es aus dem Bereich von Befreiungstheologien, sei es aufgrund von Erfahrungen weiblicher Spiritualität. Es ist notierenswert, daß vor wenigen Jahren eine zairische Messe, die den rituellen Tanz einbezieht, von Rom als offizieller Ritus approbiert wurde. Regionale liturgische Impulse, wie sie in Deutschland vor allem im Umfeld von Kirchentagen und Innovationsgruppen entstanden sind, sollten Beachtung finden. Es könnte sich zeigen, daß die herkömmlichen konfessionellen Unterschiede dabei ganz von selbst zurücktreten. In den feministischen Liturgien beispielsweise verschwinden sie nahezu völlig angesichts des Gegensatzes zwischen Frauenemanzipation und Patriarchat, der als weit gravierender empfunden wird. In derartigen Neukonstellationen liturgischen Gestaltens dürfte eine große Chance für die Ökumene liegen.

3.3 Schließlich gilt es, Möglichkeiten *gemeinsamen Feierns* vor Gott, aber auch der gemeinsamen Klage und der gegenseitigen liturgischen Tröstung zu entdecken oder zu entwickeln. Die großen christlichen Feste — Weihnachten, Karfreitag, Ostern, Pfingsten — müssen als Auftrag zur gemeinsamen Feier und zum gemeinsamen Zeugnis in einer nichtchristlichen Welt erkannt werden. In vielen Kirchen sind diesen Festen besondere liturgische Gestaltungen, Gebete und Lieder zugeordnet, die in den jeweils anderen Konfessionen bekannt gemacht, für sie erschlossen und von ihnen vielleicht sogar genutzt werden können. Der zwischen West- und Ostkirche differierende Ostertermin ist dabei das geringste aller Probleme.

Es könnte ferner überlegt werden, welche für eine mir fremde Konfession spezifischen Feste ich als Angehöriger meiner Kirche mitfeiern kann. Daß hier gewichtige Unterschiede bleiben werden, ist offensichtlich. Ein „Hochfest der ohne Erbsünde empfangenen Jungfrau und Gottesmutter Maria" kann für den Protestanten nicht in Frage kommen. Doch schon im Blick auf „Mariä Aufnahme in den Himmel" kann er sich fragen, ob sich dieses Fest mit einer evangelisch verstandenen Auslegung des Satzes aus der Offenbarung in Zusammenhang bringen ließe: „Sei getreu bis in den Tod, so will ich dir die Krone des Lebens geben" (Offb 2,10). Sollte er mit dem Anliegen des Fronleichnamsfestes schlechthin nichts anfangen können, in dem es, wenn auch in — nach evangelischem Verständnis — unsachgemäßen Denkkategorien und Gestaltungsformen, um die reale Gegenwart Christi in Brot und Wein geht, und um die Beziehung dieser realen Gegenwart zur Wirklichkeit auch außerhalb des Gotteshauses? Sollte der Katholik — und in gewisser Weise auch der Orthodoxe — am Reformationstag nichts zu bedenken haben? Angesichts der Umstände, die die historische Reformation ausgelöst haben und eine Reformation der Kirche immer neu geboten erscheinen lassen, könnte dies für Angehörige aller Konfessionen mit einem Impuls zu Selbstbesinnung und Buße beginnen. Warum sollte ein Katholik nicht dafür dankbar sein, in wie hohem Maße sich die Reformation — nicht zuletzt auf dem II. Vatikanum! – segensreich auch für seine Kirche ausgewirkt hat? Könnte der in den orthodoxen Kirchen begangene Sonntag der Orthodoxie, an dem der Sieg des Bildes über Bildersturm und Bildverweigerung gefeiert wird und die Frage nach dem „rechten Glauben" sich stellt, nicht ebenso für Katholiken wie Protestanten Anlaß zum Innehalten sein? Sollte schließlich ein „Buß- und Bettag" nicht problemlos in der Spiritualität aller christlichen Kirchen eine Heimat finden? Auch das Gedenken an exemplarische Christen[130], die nicht nur für die eigene Konfession Bedeutung haben, würde die ökumenische Sensibilität verstärken. Im übrigen könnte man darüber nachdenken, wieso es die Kirchen noch nicht zu einem gemeinsamen Fest der Ökumene gebracht haben. Die Theologie des Pfingstfestes ließe sich durch diesen Gedanken bereichern und profilieren.

---

[130] H.-M. Barth, Sehnsucht nach den Heiligen? Verborgene Quellen ökumenischer Spiritualität, Stuttgart 1992.

VI. Kampf und Kontemplation

Daran, wie man den Begriff „Spiritualität" versteht, entscheidet sich, ob neben Bibel, Gebet, Sakrament und Liturgie politischer Kampf und gesellschaftliches Engagement
unter diejenigen Punkte eingereiht werden sollen, die in einer
Analyse christlicher Spiritualität zu bedenken sind. Innerhalb der Ökumene gehen die Meinungen auseinander. Vor
allem von römisch-katholischer und orthodoxer Seite, aber
auch von konservativen Gruppen innerhalb des Protestantismus wurde wiederholt darauf hingewiesen, daß die ökumenische Bewegung ihre Identität verliere, wenn sie sich allzusehr
gesellschaftlich engagiere. Im Gegenzug forderten gesellschaftlich engagierte Ökumeniker, man müsse endlich über
eine „Spiritualität" hinauskommen, die sich in subjektiver
Innerlichkeit oder kirchlicher Ghetto-Frömmigkeit
erschöpfe. Im Offiziellen Bericht der VI. Vollversammlung
wird ausdrücklich „eine gewisse Spannung" notiert, die zwischen den beiden Ansätzen herrsche. Doch wird man sagen
können, daß sich insgesamt die in Taizé gefundene und durch
das „Konzil der Jugend" verbreitete Formel „Kampf und
Kontemplation" als legitim durchgesetzt hat.

1. Prozesse und vorläufige Ergebnisse

Askese einerseits und Einsatz für den Nächsten andererseits haben, in der Regel miteinander verbunden, immer zur
Spiritualität des Christentums gehört; beide konnten als
„militia" gelten. Im Zusammenhang der ökumenischen
Bewegung fanden sie jedoch, abhängig vom jeweiligen politischen Kontext, unterschiedliche Gewichtung und Profilierung.

1.1 In der *Anfangsphase,* insbesondere im Umfeld der
Bewegung für Praktisches Christentum, ging man davon aus,
daß die Dogmatik die Kirchen voneinander trenne, der konkrete Dienst aber sie einander näherbringe („Lehre trennt,
aber Dienst verbindet"). Deswegen versuchte man, auf der
Basis eines „undogmatischen" Christentums gesellschaftli-

che Verantwortung zu übernehmen und „für den Willen Gottes zu kämpfen": Bereits in Stockholm 1925 tauchte also das Stichwort „Kampf" auf[131]. Das amerikanische Erbe der Rede vom „Social Gospel", die exegetisch eben erst in ihrer Tiefe erkannte Vision vom „Reich Gottes" und ein gewisser angelsächsischer Pragmatismus verbanden sich miteinander.

1.2 In der Phase *nach dem II. Weltkrieg* bzw. nach der Gründung des ÖRK in Amsterdam 1948 wurde dieses Anliegen integriert. Aus der weiteren Entwicklung, die hier nicht im einzelnen nachzuzeichnen ist[132], seien einige wichtige Momente herausgegriffen:

Schon in Amsterdam wird — als Konsequenz, die sich aus dem Willen Gottes und aus seinem Erlösungswerk ergebe, die „verantwortliche Gesellschaft" benannt. Unter dem Eindruck der „Theologie der Revolution" mahnt die Weltkonferenz für Kirche und Gesellschaft in Genf 1966 die Christen zur Buße und ermuntert sie gleichzeitig dazu, sich für den sozialen Wandel und den „Kampf um soziale Gerechtigkeit" zu engagieren; das Antirassismusprogramm des ÖRK mit seinem Sonderfonds wurde in Gang gebracht. Eine eigentliche „Spiritualität des Kampfes" forderte schließlich die V. Vollversammlung des ÖRK in Nairobi 1975 (s. oben S. 98ff). In der Zwischenzeit, nämlich 1968, war ein gemeinsamer Ausschuß zwischen der päpstlichen Kommission „Iustitia et Pax" und dem ÖRK gegründet worden, der sozialethische Fragen klären und auch konkret voranbringen sollte: SODEPAX (Society, Development, and Peace). Aufgrund von noch nicht restlos erforschten Schwierigkeiten mußte er allerdings 1980 seine Arbeit einstellen.

1.3 Den letzten großen Anstoß zur Herausbildung einer Spiritualität des Kampfes brachte die VI. Vollversammlung in Vancouver 1983 mit der Empfehlung, die Kirchen sollten sich zu einem „Bund" zusammentun, um auf diese Weise Christus klarer bekennen, den Todesmächten entschiedener widerste-

---

[131] Siehe R. Frieling, Der Weg des ökumenischen Gedankens, Zugänge zur Kirchengeschichte 10, Göttingen 1992, 292.
[132] Guter Überblick ebd., 287-330.

hen und gesellschaftliche Mißstände deutlicher anprangern zu können. Der damit ausgelöste „konziliare Prozeß für Gerechtigkeit, Frieden und Bewahrung der Schöpfung" ist noch in vollem Gange (vgl. dazu die entsprechenden Ökumenischen Studienhefte). Einen unterschiedlich beurteilten Höhepunkt fand er auf der Weltversammlung von Seoul 1990. Hier hat sich zugleich eine neue Sprache von „Spiritualität" artikuliert. Sie äußert sich in einem apokalyptisch-prophetischen Pathos, das herkömmlicher Spiritualität eher fremd ist. Die Autoren der Dokumente sehen sich von der globalen Bedrohung auf vielen Gebieten selbst unmittelbar betroffen und drängen darauf, daß nun wirklich gehandelt werden müsse. Eine Reihe von Grundüberzeugungen (Affirmationen) wird in einem (wohl in einer gewissen Analogie zur Barmer Theologischen Erklärung gefundenen) Dreischritt der Gesellschaft und den Kirchen, im Grunde der Menschheit, ja der Schöpfung vorgetragen: „Wir bekräftigen ... wir widerstehen ... wir verpflichten uns ..." Das durch biblische und kirchliche Tradition — vor allem evangelisch-reformierter Herkunft — geprägte Leitwort „Bund" mag die Brücke herstellen zu dem, was bislang unter christlicher Spiritualität verstanden wurde: Es gelte, sich an den Bund Gottes mit den Menschen zu erinnern und auf ihn zu antworten — durch einen „Bundesschluß" der Versammelten. Ungeduld prägt die Formulierungen von Seoul:

> „1. Die Zeit ist da, unseren Bund mit Gott und miteinander zu bestätigen ...
> 3. Die Zeit ist da, alle Kämpfe um Gerechtigkeit, Frieden um die Bewahrung der Schöpfung miteinander zu verbinden. Wir müssen uns aus den Fesseln von Machtstrukturen befreien, die uns blind machen und uns mitschuldig werden lassen an der Zerstörung. Christen müssen hinausgehen in die Welt, in die Jesus gekommen ist ...
> 5. Die Zeit ist da, daß die ökumenische Bewegung zu größerer Verbindlichkeit, gegenseitiger Verpflichtung und Solidarität in Worten und Werken findet ..."[133]

---

[133] Aus: Botschaft der Weltversammlung für Gerechtigkeit, Frieden und Bewahrung der Schöpfung in Seoul (Korea), März 1990. In: U. Schmitthenner (Hg.), Arbeitsbuch für Gerechtigkeit, Frieden und Bewahrung der Schöpfung, Seoul 1990, 183.

Zu Beginn der Vollversammlung in Canberra nahm Emilio Castro die Vision von Seoul auf: „Das Reden vom Geist bedeutet ... Beteiligung am Kampf für das Leben."[134]

1.4 Überall haben sich inzwischen *Initiativen* gebildet, die globales Denken *regional oder lokal* umzusetzen versuchen. Im Bereich der Basis kommt dabei den „Dritte-Welt-Läden" erhebliche Bedeutung zu. Auch die großen Spendenaktionen der Kirchen wie „Misereor" und „Brot für die Welt" müssen hier genannt werden. Von überregionaler Tragweite ist die Ökumenische Entwicklungsgenossenschaft (ÖEG / EDCS), die sich zum Ziel gesetzt hat, zu günstigen Bedingungen Geldmittel für Entwicklungsprojekte zur Verfügung zu stellen und auf diese Weise von einer Spiritualität des Almosen-Gebens zu einer Spiritualität des wirtschaftlichen Gleichgewichts weiterzuführen. Daneben sind vielerlei Friedens- und Abrüstungs-Initiativen zu nennen, die gerade in der Zeit des Kalten Krieges eine wichtige Rolle spielten und eine Spiritualität der Zivilcourage einüben halfen. Neben kirchliche Partnerschaften, Kirchlichen Entwicklungsdienst und ökumenische Netzwerke sind zahllose informelle Aktionsgruppen getreten, die ein säkulares Engagement für den Frieden, den sozialen Ausgleich, für Asylfragen oder ökologische Probleme erkennen lassen und damit einen neuen Typus von möglicherweise religiös motivierter, aber völlig weltlich sich darstellender Spiritualität repräsentieren. Gruppen wie Amnesty international oder Greenpeace werden sich mit Sicherheit nicht konfessionell „reghettoisieren" (K.-J. Kuschel) lassen. Was bedeutet das für die Ökumene?

2. Probleme

2.1 Zunächst ist festzustellen, daß trotz vieler einzelner und gemeinsamer Engagements die jeweiligen *Grundlagen und Voraussetzungen* oft ungeklärt bleiben. Eine ökumenische Ethik gibt es bislang nicht. In den konfessionellen Ethiken wie auch in den moraltheologischen Äußerungen der Päpste wird der ökumenische Zusammenhang in der Regel nicht mitbedacht.

---

[134] Zitiert nach ÖR 40 (1991) 323.

Zwar läßt sich beobachten, daß konfessionsspezifische Ansätze in ethischen Grundsatzfragen sich hin und wieder miteinander verschleifen: Das Naturrecht mit seinen Elementarprinzipien „Solidarität" und „Subsidiarität" findet Eingang auch in die protestantische Ethik, während römisch-katholische Moraltheologie zunehmend bibel- und offenbarungstheologische Gesichtspunkte berücksichtigt. Die Orthodoxie hat ursprünglich keine eigene Ethik (als theologische Disziplin) entwickelt, weil sie von der Liebe als einer alles christliche Handeln umfassenden Dimension ausgeht; auch sie sieht sich jedoch mehr und mehr zu detaillierten ethischen Stellungnahmen herausgefordert. Befreiungstheologische und feministische ethische Impulse haben, ohne einen klaren Ort in der ethischen Diskussion zu finden, oft nur ein irrlichterndes Eigenleben; einzelne regionale Anstöße wie das Kairos- oder das Damaskus-Dokument aus Südafrika konnten sich überregional kaum durchsetzen. Am wenigsten sind bisher Ansätze einer charismatischen Ethik, wie sie etwa in der Pfingstbewegung begegnen, in den ethischen ökumenischen Horizont einbezogen. In allen Konfessionen spielt jedoch ein gewisser ethischer Fundamentalismus und Rigorismus eine Rolle. Viele der genannten Ansätze stehen mehr oder weniger unvermittelt nebeneinander, wurden jedenfalls bisher keineswegs in methodologisch verantworteter Weise miteinander in Relation gebracht.

Für den deutschen Sprachraum ist immerhin geltend zu machen, daß hier ein von Autoren der beiden großen Konfessionen herausgegebenes „Handbuch der christlichen Ethik" erscheinen konnte (3 Bände, Freiburg i. Br./Gütersloh 1978-1982); doch handelt es sich dabei eher um eine „Buchbinder-Union": Die eigentlich ökumenische Problematik wird nur ganz am Rande angesprochen. So nimmt es nicht wunder, wenn selbst bei gemeinsamen Erklärungen des Rates der Evangelischen Kirche in Deutschland und der Deutschen Bischofskonferenz (vgl.: Gott ist ein Freund des Lebens. Herausforderungen und Aufgaben beim Schutz des Lebens, 1989). Elemente aus der römisch-katholischen und aus der evangelischen ethischen Tradition einigermaßen unvermittelt nebeneinander aufgeführt werden.

2.2 Klare *Differenzen im ethischen Urteil,* die zwischen den Konfessionen oder auch innerhalb einer Konfession oder einer Konfessionsfamilie bestehen, werden oft nicht ausgetragen. Wenigstens kam es um das vom ÖRK propagierte und realisierte Antirassismus-Programm und die damit verbundene Frage der Gewaltlosigkeit zu einer scharfen Auseinandersetzung zwischen der Genfer Linie einerseits und konservativen und evangelikalen Gruppen andererseits, die sogar zu einer gewissen Klärung beitrug: Christen lehnen für sich selbst die Anwendung von Gewalt ab, verurteilen aber diejenigen nicht, die sich aufgrund ihrer politischen Situation anders entscheiden.

Bedenklich dagegen steht es um ethische Streitfragen zwischen Protestantismus und Katholizismus: Der massive Einsatz Papst Johannes Pauls II. auf seinen Reisen und in sonstigen Stellungnahmen für die in „Humanae vitae" vorgetragene Regelung der Empfängnisverhütung erscheint angesichts der rapide expandierenden Weltbevölkerung und der allenthalben zunehmenden Aids-Gefahr vielen Protestanten (und Katholiken) als unverantwortlich. Doch die ethische Auseinandersetzung darüber hat noch nicht einmal begonnen. Auch die Stellung der Frau in den Kirchen ist mindestens teilweise ein strittiges ethisches Problem.

2.3 *Ethische Verlautbarungen,* die im Umfeld des ÖRK entstanden sind, tragen oft Appellcharakter und sind von einer unerträglichen Gesetzlichkeit geprägt. Hinweise darauf, inwiefern christliches Handeln in Gottes Handeln begründet ist, erscheinen eher formal und als Pflichtübung. Die Aktualität des „Heute" und die Unbedingtheit des „Muß" beherrschen die Sprache. Das ganze Schwergewicht liegt auf Aktion und Praxis; die „Orthopraxie" scheint der „Orthodoxie" den Rang abgelaufen zu haben. Dies mag nach dem Gesetz des Pendels und im Sinn eines notwendigen Ausgleichs eine gewisse Berechtigung haben, würde auf Dauer aber eine schmerzliche Beschneidung christlicher Spiritualität darstellen.

Interessant ist, daß es im Zuge solcher neuprotestantischer Gesetzlichkeit gelegentlich geradezu zu einer Umkehrung herkömmlicher Positionen zu kommen scheint: Ursprünglich konnte die evangelische Seite — unter Zuhilfenahme der lutherischen Zweireichelehre — gegen das römische Konzept einer Verchristlichung der Welt und einen damit verbundenen Klerikalismus protestieren. Inzwischen ermahnt die katholische Kirche ihren Klerus, bei seinen eigenen Aufgaben zu bleiben und sich nicht in politischen Aktionen zu verlieren, während evangelische ethische Appelle gegebenenfalls sehr direkt die Autorität Gottes in Anspruch nehmen und evangelische Pastoren in Einzelfällen bei Demonstrationen im Talar auftreten.

2.4 Selten tauchen in den ethischen Äußerungen der Kirchen oder aus dem Umfeld des ÖRK die alten christlichen spirituellen Begriffe *„Buße"*, *„Beichte"* und *„Vergebung"* auf. Wo sie gleichwohl erscheinen, haben sie es schwer, sich in der Sache zu verdeutlichen und nicht nur im Sinn von Selbstbesinnung, Selbstkritik und vordergründiger Veränderung verstanden zu werden. Dies hängt sicherlich mit der Situation in den Kirchen selbst zusammen: In den evangelischen Kirchen sind eigene Beichtgottesdienste weithin verschwunden, der Buß- und Bettag ist oft nur an der Predigt und den zu singenden Liedern als solcher zu erkennen; in der römisch-katholischen Kirche wird ein rapider Rückgang der Ohrenbeichte beklagt. Einzelseelsorge, vor allem Klinik- und Telefonseelsorge mögen bis zu einem gewissen Grad an die Stelle früherer Beichtpraxis getreten sein. In diesem Bereich zeichnet sich eine neue Spiritualität ab, die sich humanwissenschaftliche Einsichten zunutze macht und nur noch in geringem Maße konfessionell geprägt ist (und deswegen von manchen Kirchen bzw. ihren Vertretern auch mit argwöhnischen Augen betrachtet wird). Hier könnte sich in der Tat ein wichtiger neuer und ökumenischer Impuls zur geistlichen Begründung christlichen Handelns formieren.

3. Aufgaben

3.1 *Kampf und Kontemplation* müssen wieder stärker in ihrer Verwiesenheit aufeinander erkannt werden. Kontemplation ohne Kampf kann leicht zu unfruchtbarer Pflege individueller psychischer Bedürfnisse verkommen, während Kampf ohne Kontemplation Gefahr läuft, in puren Aktivismus auszuarten, in dem ebenfalls nur psychisch (oder sozial) bedingte Mechanismen ausagiert werden. Es wäre von großem Schaden für die weitere Entfaltung der Ökumene, wenn eine an der Kontemplation ausgerichtete Frömmigkeit einerseits und eine für den Kampf engagierte Spiritualität andererseits schließlich einander nichts mehr zu sagen hätten. Die Bewegung für „Praktisches Christentum" und diejenige für „Glauben und Kirchenverfassung" haben in einer nicht unproblematischen Geschichte zueinander gefunden. Unter neuen Voraussetzungen und Vorzeichen scheint der Konflikt zwischen beiden Ansätzen jedoch in den letzten Jahren wieder aufzubrechen; das zeigt sich sowohl auf Genfer als auch auf regionaler Ebene, ja bis in die Gemeinden hinein. Zieht man die Linien weit aus, so ist es nicht unvorstellbar, daß das traditionelle Gegenüber von konfessionell geprägten Spiritualitäten angesichts dieser neu zu beobachtenden Tendenzen zurücktritt zugunsten einer Spannung zwischen kontemplativem und militantem Christentum: Keines von beiden könnte sich ohne das andere behaupten und dem gemeinsam zu vertretenden Zeugnis von Jesus Christus als „Gott und Heiland" gerecht werden und „erfüllen", wozu die Kirchen „berufen sind zur Ehre Gottes des Vaters, des Sohnes und des heiligen Geistes" (Ökumenische Basis 1961).

Die Aufgabe, einen beide Seiten inspirierenden Austausch zu fördern, muß sicherlich auf mehreren Ebenen in Angriff genommen werden:

3.2 Sorgfältige *theologische Arbeit* hätte die Chance, Unklarheiten, die in den vorliegenden programmatischen Äußerungen durchaus zu beobachten sind, zu mindern oder gar zu beseitigen. Gegen das Engagement für „Gerechtigkeit, Frieden und Bewahrung der Schöpfung" wurde wiederholt eingewandt, daß sich damit menschliche Aktivität überschätze: Insbesondere Bewahrung der Schöpfung sei letztlich Sache des Schöpfers selbst. Beide Optionen können Argumente geltend machen, die aber nicht nur — mit Tendenz zu jeweiliger Selbstlegitimation — gegeneinander aufgeboten werden dürfen, sondern in einem intensiven theologischen Denkprozeß miteinander verrechnet werden müssen. Es käme darauf an, daß die dabei sichtbar werdenden Grenzen menschlicher Verantwortlichkeit nicht als Alibi-Argument für mangelndes Engagement verwendet, sondern als klarer Verweis auf die spirituelle Basis alles menschlichen Handelns erkannt werden.

Auch Einzelprobleme sind klärungsbedürftig. Wie kann deutlicher beschrieben werden, worum es sich bei einem „konziliaren Prozeß" handelt? Wie sind die Voraussetzungen, die römisch-katholische oder orthodoxe Christen von ihrer jeweiligen Tradition her für das Verstehen dieses Begriffs mitbringen, in Verbindung zu sehen mit dem evangelischen Verständnis von Gemeinde und Synode, vom allgemeinen, gegenseitigen und gemeinsamen Priestertum aller Gläubigen? Wie ist der in den Papieren von Seoul dominierende Begriff „Bund" näherhin zu verstehen? Wer schließt einen Bund mit wem? Wie verhält sich der Bund, den Gott mit den Menschen schließt, zu „Bundesschlüssen", die Menschen (oder auch Kirchen!) miteinander vollziehen können? Inwiefern gehen solche Bundesschlüsse über feierliche Deklaration und Selbstverpflichtung hinaus?

Schließlich ist zu klären, worin das „prophetische" Moment christlicher Spiritualität besteht. Inwieweit geht es hier um die Anmeldung eines Anspruchs, unabhängig von den Bedingungen seiner Realisierbarkeit, inwieweit um gelebten Protest gegen konkrete gesellschaftliche Verhältnisse, um realisierte Alternativen, um eine Spiritualität der Zivilcourage — inwieweit kann sich prophetischer Protest aber auch der klassischen Formen des Christentums bedienen, der zeichenhaften Existenz eines Lebens als Mönch oder als Diakonisse, in Gebet und Hingabe? Wie verhalten sich Mutlangen und Athos zueinander? Eine Zusammenschau von Kampf und Kontemplation versucht das aus Südafrika stammende Kairos-Dokument:

„Eine wirklich prophetische Theologie wird immer auch zutiefst spirituell sein. Alles, was sie sagt und tut, muß mit dem Geist von Mut und Furchtlosigkeit erfüllt sein, mit dem Geist von Liebe und Verständnis, Freude und Hoffnung, Stärke und Entschlossenheit. Eine prophetische Theologie muß das Wesen Christi in sich haben, seine Bereitschaft, zu leiden und zu sterben, seine Demut und Kraft, seine Bereitschaft zu vergeben und seinen Zorn über die Sünde, seinen Geist des Gebetes und des entschlossenen Handelns.

Zuletzt muß prophetische Theologie durch und durch prak-
tisch und pastoral sein. Sie muß Sünde verurteilen und das
Heil verkünden. Doch um prophetisch zu sein, muß unsere
Theologie die Sünde und das Böse, das uns umgibt, beim
Namen nennen, ebenso wie das Heil, auf das wir hoffen.
... "[135]

3.3 In der christlichen Spiritualität muß die *Vergebung der*
Sünden wiederentdeckt werden. Buße, Beichte und Absolution sind unverzichtbare Elemente jeder Frömmigkeit, die
sich auf das biblische Zeugnis beziehen will, ob sie sich nun
eher kontemplativ oder stärker kämpferisch verwirklicht. In
der Theologie der Befreiung weiß man, daß man gerade auch
im Kampf schuldig werden, ja daß man ggf. sogar seinen
revolutionären Zielen gegenüber versagen kann. In manchen
Basisgemeinden wurden daher neue Formen der gegenseitigen Beichte und Absolution entwickelt. In der monastischen
Tradition spielte die regelmäßige Gewissensprüfung eine
selbstverständliche Rolle. Reformatorisch geprägte Spiritualität geht von der Konfrontation des sündigen Menschen mit
Gottes Gesetz aus, das ihm immer wieder sein Scheitern vergegenwärtigt und ihn so immer von neuem in die Arme des
ihm vergebenden Gottes treibt.

Gerade in den evangelischen Kirchen aber sind Beichte
und Absolution weithin verwahrlost. Eine puritanisch-pieti-
stische Gesetzlichkeit hat dazu beigetragen, den Anspruch
Gottes mit vordergründigen moralischen Verhaltensmaßre-
geln zu verwechseln. Andererseits hat eine generalisierende
Sündentheologie ein allgemeines protestantisches Sündenbewußtsein geschaffen, demzufolge der Mensch eben nun einmal „Sünder" sei; die Frage nach dem einzelnen Vergehen
oder Versagen trat demgegenüber zurück. Eine Beichte, in
der der Glaubende sich etwa anhand der Zehn Gebote oder
eines anderen „Beichtspiegels" über sein Verhalten klar werden könnte, findet kaum mehr statt; konkrete Vergebung
wird — trotz des protestantischen Pathos in Sachen Rechtfertigung — kaum mehr zugesprochen! Was Absolution als konkrete Entlastung bedeutet, wird so jeglicher Erfahrung ent-

---

[135] In: Weltmission heute 1, Hamburg 1987, 24.

zogen. Stattdessen wird in der allgemeinen Beichte und Absolution des allsonntäglichen Gottesdienstes dem Glaubenden vor Augen geführt, daß er eben Sünder sei, daß Gott ihm aber wiederum vergebe, und daß es damit seine Ordnung habe. Ein Wachsen im Glauben, in der Liebe und in der Hoffnung wird auf diese Weise weder angeregt noch gefördert. Den Bußruf haben für diejenigen, die ethisch sensibel sind, die Medien mit ihren täglichen Greuelmeldungen übernommen, die sich aber gegenseitig neutralisieren. Die Beichte bleibt aus. An Absolution und Neuanfang ist nicht zu denken.

Die römisch-katholische Kirche hat mit Kasuistik und Ohrenbeichte hier ihre eigenen Probleme. Zu lernen ist von ihr aber im Blick auf die Konkretion ethischen Verhaltens. Auch die in griechischen und russischen Klöstern oder auf dem Athos durchaus noch lebendige orthodoxe Tradition des geistlichen Rats durch einen geistlichen Vater (Geron, Starez) sollte wiederentdeckt werden; sie würde sich auch in einem protestantischen oder katholischen Kontext als hilfreich erweisen. Hier läge dann die Brücke zu einer therapeutischen, humanwissenschaftliche Erkenntnisse einbeziehenden Seelsorge. Die Seelsorgepraxis an einzelnen Menschen wird — wenigstens im mitteleuropäischen und im angelsächsischen Raum — noch am ehesten mit der Frage nach Schuld und Vergebung konfrontiert.

C BILANZ UND PERSPEKTIVEN

I. Störfaktoren

1. Die Nachtseite christlicher Spiritualität

Bei der Analyse der Grundgestalten christlicher Spiritualität und einzelner ökumenisch relevanter spiritueller Prozesse
könnte der Eindruck entstehen, es sei einerseits in der man-
gelnden Flexibilität der Theologen, andererseits in kirchlichen Machtansprüchen und Selbsterhaltungsbestrebungen
begründet, wenn es mit der Ökumene nicht recht vorwärts
gehe; die in den Konfessionen lebendige Spiritualität dagegen
dränge mächtig voran. Man darf sich jedoch nicht täuschen:
Die christliche Spiritualität hat ihre eigene „Nachtseite", die
sich in ökumenischer Hinsicht von Anfang an negativ ausgewirkt hat und noch immer Störfaktoren für den ökumenischen Prozeß aussendet. Es geht dabei zunächst um unterschwellig wirkende Kräfte, welche die allgemeine christliche
wie die konfessionsspezifische Mentalität jahrhundertelang
geprägt haben und die in der ökumenischen Diskussion
kaum je thematisiert werden.

1.1 *Arroganz und Rechthaberei* waren im Christentum
offenbar von Anfang an zu Hause. Dies dürfte mit den Kon-
stitutionsbedingungen der jungen christlichen Gemeinde
zusammenhängen, konnte aber, nachdem die Konstitution
einmal erfolgt war, nicht mehr wirklich abgeschüttelt werden. Es stimmt nachdenklich, daß sich fundamentalistische
Gruppen mit ihrer Intoleranz auf Paulus berufen können:

„... auch wenn wir oder ein Engel vom Himmel euch ein Evangelium predigen würden, das anders ist, als wir es euch gepredigt haben, der sei verflucht" (Gal 1,8f). Die paulinische Fluchformel wurde zur feierlichen Ausschlußformel der Konzilsentscheidungen und hat über die Ausgegrenzten unendlich viel Leid gebracht. Einzelne wurden verbannt oder sogar hingerichtet, Minderheiten wurden diskriminiert, Flüchtlingsströme in Bewegung gesetzt. Die Hugenottin Marie Durande wurde nach 38jähriger Haft im Turm von Aigues Mortes mit ihren Glaubensschwestern zusammen nicht aufgrund später Einsicht kirchlicher Stellen befreit, sondern aufgrund von Interventionen tolerant gesonnener Aufklärer. Die erste Ketzerhinrichtung, 385 in Trier vollzogen, wurde zwar von der offiziellen Kirche noch mißbilligt, aber sie fand statt — zwei Generationen nach der letzten Christenverfolgung im Römischen Reich[136]. Der „weltliche Arm" hätte sich oftmals nicht eingeschaltet, wenn nicht eine glühende Frömmigkeit es gefordert hätte. Die Gestalt Michael Servets, auf Betreiben Calvins 1553 in Genf lebendig verbrannt, erinnert den Protestantismus daran, daß er in diesem Bereich keinen Anlaß zu Überheblichkeit hat. Man kann fragen, ob es irgendeine Religion gibt, in der Rechthaberei und Intoleranz gegenüber dem Andersdenkenden selbst in den eigenen Reihen dermaßen ausgeprägt sind wie im Christentum[137]. Es wird zu prüfen sein, inwieweit die geschilderten Haltungen sich unterschwellig noch heute negativ auf den Einheitsprozeß auswirken und wie sich christliche Spiritualität einem pluralen Wahrheitsbewußtsein verbinden könnte (vgl. S. 176f).

1.2 Die Bereitschaft, sich mit *Gewalt* durchzusetzen oder gegebene Machtverhältnisse für die Durchsetzung der eigenen Sache in Anspruch zu nehmen, war oft die Schwester einer auf exklusivem Wahrheitsbewußtsein beruhenden Spiritualität. Das Verhältnis zwischen Christentum und Judentum ist dafür ein auch ökumenisch relevantes Beispiel. An den Portalen mittelalterlicher Dome steht der triumphierenden

---

[136] TRE 14, 326.
[137] N. Brox, in: RAC 13, 295.

Ecclesia die Synagoge mit verbundenen Augen und gebrochenem Stab gegenüber. Judenpogrome inmitten des „christlichen" Abendlandes sprechen eine entsetzliche Sprache. Aber auch ein Martin Luther fand von seiner aus der Rechtfertigung gespeisten Frömmigkeit her keine Möglichkeit, hier neue „ökumenische Wege" einzuschlagen.[138] Der Kreuzzugsruf „Deus lo volt — Gott will es" hatte sich alsbald nicht nur nach außen gegen Juden und „Heiden", sondern ebenso nach innen gegen Abweichler wie Albigenser, Katharer und Waldenser gewandt, und er fand seine letzte — säkulare — Fortsetzung im „Gott mit uns" auf deutschen Koppelschlössern. Der Dreißigjährige Krieg war gewiß nicht nur ein Religionskrieg, aber es kämpften in ihm eben auch überzeugte, von ihrer jeweiligen konfessionellen Spiritualität geprägte Menschen gegeneinander. In den leidvollen Auseinandersetzungen der letzten Jahre im ehemaligen Jugoslawien konnte christliche Spiritualität bislang kaum etwas zum Frieden zwischen den verfeindeten Gruppen beitragen, im Gegenteil: Ein orthodoxer Bischof versicherte öffentlich, es sei die „Pflicht" seiner Volksgruppe zu töten. Sollte sich zeigen lassen, daß es sich bei all den geschilderten Fällen „nur" um Entgleisungen christlicher Spiritualität handelt? Oder ist die latente Bereitschaft, notfalls gegenüber anderen Konfessionen Gewalt anzuwenden, noch heute in konfessionsspezifischen Spiritualitäten gegenwärtig?

Durch offene Gewalt auf eine andere Konfession einzuwirken, ist einer Kirche in der Regel heute nicht mehr möglich. Aber man kann unter Umständen auf Entscheidungen innerhalb der anderen Konfession Einfluß nehmen, indem man die bereits erreichte ökumenische Gemeinschaft oder noch zu erwartende ökumenische Schritte in Frage stellt. Als Beispiel dafür mag das Verhalten Roms anläßlich der Diskussion um die Frauenordination in der Anglikanischen Gemeinschaft dienen. Disziplinierungsmaßnahmen, wie sie in den letzten Jahren vor allem innerhalb der römisch-katholischen Kirche wiederholt zu beobachten waren, lehren auch die nicht dieser

---

138 H.A. Oberman, Wurzeln des Antisemitismus. Christenangst und Judenplage im Zeitalter von Humanismus und Reformation, Berlin 1981.

Kirche angehörenden Christen das Fürchten und vergiften das ökumenische Klima: Daraus, wie eine Kirche mit Andersdenkenden in den eigenen Reihen umgeht, wird — nur zu Unrecht? — darauf geschlossen, wie man im Grunde dort mit dem andersdenkenden ökumenischen Partner umgehen möchte. Dies gilt prinzipiell ebenso im Blick auf protestantische Disziplinierungsmaßnahmen zum Beispiel gegenüber Vertretern und Vertreterinnen einer feministischen Spiritualität.

1.3 Die *ekklesiogene Neurose* stellt ein weiteres Problemfeld christlicher Spiritualität dar: Die Überidentifikation mit einem bestimmten geistlichen Weg kann zu psychischen Fehlhaltungen, ja zu erschreckenden Krankheitsbildern führen. Gelegentlich zeigen schon bestimmte spirituelle Leitbilder einer Konfession neurotische Züge. Es scheint noch nicht genügend untersucht, ob es konfessionsspezifische Formen ekklesiogener Neurosen gibt. Unter welchen Bedingungen führt Spiritualität zu einer Gefährdung für den einzelnen, für seine Gruppe, für die Ökumene? Wie kann sie es vermeiden, daß sie, gerade radikal und unter endzeitlicher Perspektive gelebt, Fanatismus und Fundamentalismus heraufbeschwört? Natürlich sind hier immer psychische, psychosomatische und auch gesellschaftliche Faktoren im Spiel. Die Hexenverfolgungen, an denen nicht nur die spätmittelalterliche und die nachtridentinische katholische Kirche, sondern auch evangelische Kirchen maßgeblich beteiligt waren, lassen sich nicht monokausal als Ausgeburten fehlgeleiteter christlicher Frömmigkeit interpretieren. Aber spirituelle Implikationen sind andererseits auch nicht grundsätzlich auszuschließen. Christliche Frömmigkeit lieferte Ansatzpunkte — oder doch mindestens Legitimationshilfen — dafür, andere Menschen zu „verteufeln", auszugrenzen oder gar zu vernichten.

1.4 *Aberglaube und eine problematische Volksreligiosität* treten in modernen säkularen Gesellschaften zurück, finden sich aber gerade in der Nähe spirituell engagierter Kreise noch immer. Während Katholiken und Orthodoxe zwischen Volksreligiosität und Aberglauben zu unterscheiden versuchen, sind Protestanten geneigt, beides in eins zu setzen. Es nützt aber nichts, wenn eine abstrakte ökumenische Theologie die betreffenden Phänomene bagatellisiert bzw. gänzlich ignoriert, während sie in der Frömmigkeit der Gemeinden eben doch eine gewisse, den ökumenischen Prozeß störende Rolle spielen. Solche Störungen können konventionell aussehen, sofern sie sich als bestimmte Formen der Verehrung Marias oder der Heiligen, als der Magie nahekommende Weisen des Umgangs mit heiligen Orten oder Gegenständen vollziehen. Sie können aber auch in einem völlig neuen Gewand auftreten: Man denke etwa an synkretistische Übernahmen aus fremden Kulten in der lateinamerikanischen Religiosität oder auch — freilich ganz anders geartet — in der feministischen Spiritualität.

2. Spiritualität und konfessionelle Identität

Im Blick sowohl auf den einzelnen als auch auf ganze Denominationen und Konfessionen erweist sich die Sorge um die eigene Identität als ökumenisch ambivalent. Auf der einen Seite ist christlicher Glaube nur in der Gestalt einer spezifischen Konfessionalität denkbar, die sich dann auch um ihre Begründung, Erweiterung und Vertiefung bemühen wird; darin besteht auch eine legitime Voraussetzung aller fruchtbaren ökumenischen Begegnung. Auf der anderen Seite aber führt die Sorge um Proprium und Profil auch oft zu Abgrenzung und Isolation. Die Spiritualität befindet sich hier an einer besonders neuralgischen Stelle im Verhältnis zwischen den Konfessionen, da sich Identität weniger durch theologische Formeln als durch konkrete Lebensvollzüge ausbildet.

2.1 Eine *konfessionsspezifische Sozialisation* liegt in der Regel der jeweiligen konfessionellen Identität des einzelnen zugrunde. Die Prägung durch die eigene Konfession kann anderen Konfessionen gegenüber öffnen oder verschließen. Oft wird eher letzteres der Fall sein, wenn nicht eine bewußte ökumenische Erziehung oder natürliche Neugier dies verhindern. Das Nebeneinander verschiedener Konfessionen in einer Region kann zu Selbstbehauptungsversuchen oder zu „Kollusionsphänomenen" (s. oben S. 92ff) führen. Beides kann sich ökumenisch als störend erweisen: Die Kollusion, wie sie sich beispielsweise in konfessionsverschiedenen Ehen von selbst einstellt, löst leicht eine gewisse Gleichgültigkeit sowohl dem einen als auch dem anderen konfessionellen Standpunkt gegenüber aus; Ökumene ist dann kein Thema mehr. Der Selbstbehauptungsversuch auf Kosten des anderen aber verzichtet von vornherein auf das ökumenische Anliegen. Für eine christliche Sozialisation käme es darauf an, ausgehend von konfessionsspezifischen Einsichten und Erfahrungen eine gemeinsame christliche Spiritualität zu schaffen, die zugleich die eigene Konfession als notwendigen Nährboden anzunehmen und als Teilbereich des einen gemeinsamen göttlichen Weinbergs zu relativieren vermöchte. Hilfreich könnte es dabei sein, sich zu vergegenwärtigen, daß die meisten Christen ja in die Konfession, in der sie leben, hineingeboren wurden — eine banale Tatsache, die in der ökumenischen Diskussion kaum je reflektiert wird und alle konfessionelle Rechthaberei auch unter diesem Gesichtspunkt als Groteske erscheinen läßt.

2.2 Die *Konversion* ermöglicht den Wechsel der konfessionellen Identität. Sie wird nicht zum ökumenischen Störfaktor, wenn sie weder durch Proselytismus ausgelöst noch durch die aufnehmende Kirche triumphalistisch ausgeschlachtet wird. Es ist notierenswert, daß der Codex Iuris Canonici von 1983 den Begriff „conversio — Bekehrung" für den Übertritt von bereits Getauften in die römisch-katholische Kirche nicht mehr benützt. Stattdessen ist hier die Rede von der „Aufnahme in die volle Gemeinschaft der katholischen Kirche" (CIC Can. 883, 2). Die Feier der Firmung bzw. (im Fall der orthodoxen Kirchen) der Myron-Salbung als Akt der Aufnahme stellt trotzdem eine ökumenische Herausforderung dar; kommt es auf dem Athos oder in baptistischen Gruppen gar zur Wiedertaufe bereits getaufter Christen, so bedeutet dies gewiß eine ökumenische Belastung. Konvertiten tragen aber zum ökumenischen Prozeß selbst Weiterführendes bei, wenn sie nicht — entsprechend dem bei der Taufe Chlodwigs gebrauchten Wort — „anbeten, was sie zuvor angezündet haben, und anzünden, was sie zuvor angebetet haben". Sie können etwas von ihrer angestammten Spiritualität — auch von ihren kritischen Wahrnehmungen daran! — in ihre neue Konfession einbringen, vielleicht sogar spezifische konfessionsübergreifende Erfahrungen machen und für andere bereitstellen. Als Störfaktoren wirken Konversionen jedoch, wenn sie unter kirchenrechtlichen oder sozialen Zwängen zustande kommen oder aus religiöser Gleichgültigkeit nur formal gehandhabt werden. Dann behindern sie das Entstehen echter ökumenischer Spiritualität. Als positiv ist es sicher zu bewerten, daß die christlichen Kirchen weithin darauf verzichten, gezielt Proselytismus zu betreiben, wenn sich — je nach den gegebenen Verhältnissen — eine gewisse Versuchung dazu auch immer wieder einstellen mag. Schwierig wird die ökumenische Situation, wenn eine Kirche, ohne es zu planen und zu wollen, auf die Mitglieder anderer Kirchen Attraktivität ausübt (Pfingstler in Lateinamerika, Mekane Yesus-Kirche in Äthiopien). Nur der wahrhaft von Gottes Geist getragene Versuch eines herrschafts- und angstfreien Dialogs könnte hier ökumenisch weiterführen. Die Tatsache als solche, daß unterschiedliche Spiritualitäten einander gegenseitig in Frage stellen und ja auch nur auf diese Weise bereichern können, bleibt ohnehin bestehen — sowohl im Blick auf die einzelnen Christen als auch im Blick auf die Kirchen.

2.3 Konfessionsspezifische Spiritualität kann auch *individuelle Identitätsängste* mindern — oder auslösen. Nimmt man die „Grundformen der Angst", wie sie Fritz Riemann[139] beschrieben hat, als Orientierungsschema zuhilfe, so könnte sich ergeben: Wer klare Richtlinien und unhinterfragbare Autoritäten sucht und in diesem Sinne zu den „Zwanghaften" gehört, wird sich eher im römischen Katholizismus zu Hause oder von ihm angezogen fühlen als jemand, der die freie, eigenverantwortliche und individuelle Entfaltung sucht und sich daher stärker vom Protestantismus ansprechen läßt. Wer eine Atmosphäre der Geborgenheit braucht, wird sich eher in einer evangelischen Freikirche oder auch in einer orthodoxen Kirche aufgehoben fühlen, während derjenige,

---

[139] Grundformen der Angst und die Antinomien des Lebens. Eine tiefenpsychologische Studie über die Ängste des Menschen und ihre Überwindung, Basel 1972.

dem die zu große Nähe anderer Menschen Angst macht, ohnehin zu den Kirchen auf Distanz gehen dürfte. Glücklicherweise gibt es hier natürlich mannigfache Überschneidungen. Ökumenisch — wie übrigens im Sinne der Psychologie auch individuell — störend wirken sich derartige „Grundformen der Angst" dann aus, wenn sie sich isolieren, wenn also beispielsweise eine Kirche die Tendenz entwickelt, nur noch Geborgenheit oder nur noch durch Autorität gesicherte Verläßlichkeit oder nur noch Reform und Progression zu vermitteln. Der feministischen Spiritualität und der Spiritualität der Befreiung kommt in diesem Zusammenhang insofern Bedeutung zu, als diese beiden konfessionsübergreifenden Neuansätze sich um Integration unterschiedlicher Impulse und um eine ganzheitliche Spiritualität bemühen. Aber auch die ökumenische Bewegung in ihrer Gesamtheit dürfte hier für Ausgleich und Balance sorgen.

2.4 *Für Minderheiten typische Probleme* sind bei jenen Konfessionen und Denominationen anzutreffen, die sich der Übermacht einer anderen Kirche gegenübersehen. Hier greifen natürlich auch soziologische Faktoren, die mit dem Christentum zunächst gar nichts zu tun haben. Wie wirkt sich aber diese Situation spirituell aus? Nach außen können sowohl unaufrichtige Konzilianz als auch überstarkes Profilierungsbedürfnis die Folge sein. Nach innen dagegen erhebt sich die Gefahr einer Ghetto-Spiritualität oder auch einer ungeistlichen Profilneurose. Die jeweils „überlegenen" Kirchen dagegen stehen leicht in der Versuchung, den Partner zu übersehen und zu übergehen und sich in triumphalistischer Selbstüberschätzung zu wiegen. All die genannten Probleme werden dann gemildert, wenn die beteiligten Kirchen ihr Spannungsverhältnis in das Netz multilateraler Beziehungen innerhalb der Weltchristenheit einbringen und dadurch neutralisieren. Einzelne zahlenmäßig kleine Kirchen können sich aufgrund ihrer multilateralen Beziehungen geradezu zu Drehscheiben weiterführender ökumenischer Prozesse entwickeln und eine Brückenfunktion zwischen den großen ökumenischen Blöcken gewinnen, wie das in gewisser Weise bei den Altkatholiken bereits der Fall ist. Der Preis dafür besteht jedoch in einem hohen Spannungsaufkommen innerhalb der betreffenden Kirche.

3. Spiritualität und Institution

Eine für ökumenischen Fortschritt engagierte Spiritualität drohte in den letzten Jahren immer wieder an den Grenzen zu scheitern, die durch kirchliche Institutionen, insbesondere der römisch-katholischen Kirche, gegeben waren oder neu festgelegt wurden. Dies hat sich besonders am Problem der gemeinsamen Eucharistie-Feier gezeigt; man erinnere sich an das ökumenische Pfingsttreffen in Augsburg 1971 und seine Nachgeschichte. Eine aus der Begegnung der Konfessionen erwachsene, neue gemeinsame ökumenische Spiritualität wurde durch kirchenamtliche Direktiven kanalisiert, abgebremst oder gar abgewürgt. Ein ökumenischer Religionsunterricht, der zur Herausbildung einer gemeinsamen ökumenischen Identität der Teilnehmenden hätte beitragen können, wurde durch die einschlägigen römisch-katholischen Behörden untersagt. Ökumenische Gottesdienste dürfen an Sonntagen, ja schon am jeweiligen Vorabend, nicht stattfinden; der Sonntag wird von einer einzelnen christlichen Konfession als speziell ihr zugehörig und nicht als ökumenisches Hoffnungszeichen begriffen (s. oben S. 143f). Diese und andere Beispiele stellen die Frage nach dem Verhältnis von Spiritualität und Institution.

3.1 *Bestehende Institutionen* haben offenbar die Tendenz, sich selbst zu erhalten und zu festigen. Sie werden damit zu natürlichen Gegnern einer Spiritualität, für die sie keinen institutionellen Raum vorsehen. Mit dem Buchtitel des Befreiungstheologen Leonardo Boff ist das Problem bündig formuliert: „Kirche: Charisma und Macht"[140]. Im römischen Katholizismus und in gewisser Weise in der Orthodoxie gilt das Charisma (das ja Spiritualität begründen, vertiefen oder modifizieren könnte) als sakramental sich realisierend und abgesichert: Spiritualität, die die hierarchisch-sakramentale Ordnung der Kirche, aus der sie sich doch speist, kritisch in Frage stellen würde, ist nicht denkbar. Der Protestantismus hingegen hat das Verhältnis von Charisma und Macht, von Spiritualität und Institution nicht klar definiert, die Frage

---

[140] Düsseldorf ²1985.

der Charismen vernachlässigt und das Problem der Macht in der Kirche verschleiert. Entgegen seiner Theorie vom allgemeinen, gegenseitigen und gemeinsamen Priestertum der Glaubenden hat er in der Praxis doch oft nicht anders als entsprechend den Selbsterhaltungsmechanismen einer Institution gehandelt. Die Gleichläufigkeit ökumenischer Restriktionen der römisch-katholischen und der evangelischen Kirchen im deutschen Sprachraum ist mitunter erschreckend. Es ist eine Frage an die Kraft schon gewonnener ökumenischer Spiritualität, ob sie sich gegen rechtliche Regelungen der institutionalisierten Kirchen durchsetzen kann, ohne zu einer frei schwebenden, nicht mehr als christlich identifizierbaren „wilden Spiritualität" zu verkommen.

Mit umgekehrter Stoßrichtung ist an die etablierten Kirchen die Frage zu stellen, inwieweit sie Freiraum für eine neue, die Institution herausfordernde, kritisierende und korrigierende Spiritualität werden bieten können.

3.2 Auch eine neu sich herausbildende ökumenische Spiritualität bedarf, wenn sie sich nicht verlieren will, *institutioneller Vorgaben* und Gehäuse. Ansätze dazu sind durchaus vorhanden, sowohl im Bereich von Verkündigung und Gebet als auch auf dem Feld von Liturgie und Diakonie. Einen ungleich stärkeren Einfluß üben in diesem Zusammenhang jedoch ökumenische Kommunitäten aus. Unterschiedliche spirituelle Traditionen werden gemeinsam erprobt. In Chevetogne/Belgien und in Niederaltaich/Niederbayern feiern römisch-katholische Mönche nach dem lateinischen und nach dem byzantinischen Ritus (s. oben S. 94). In Taizé finden reformatorische, römisch-katholische und in gewisser Weise auch orthodoxe Tradition zueinander. Auch die Nachbarschaft von evangelischen Kommunitäten und katholischen Klöstern kann sich ökumenisch fruchtbar auswirken. Es fragt sich, ob über kurz oder lang dann nicht doch eine bestimmte spirituelle Tradition die Oberhand gewinnt, und ob sich evangelische Frömmigkeit in diesem Modell mit ihren spezifischen Anliegen und Einsichten voll verwirklichen kann. Immerhin hat der waldensische Servizio Cristiano in Riesi/Sizilien den Versuch unternommen, ein Kommunitäts-Modell zu entwerfen und zu leben, das nicht an mittelalterlicher Frömmigkeit orientiert ist. Die Orthodoxie, die ökumenischen Kommunitäten eher reserviert gegenübersteht, könnte den Gedanken der „Idiorhythmie", eines eigenverantworteten Rhythmus' und Zuschnitts von Spiritualität einbringen. Langfristig dürfte es entscheidend sein, ob sich die ökumenische Kommunität als Modell auch einer ökumenischen Gemeinschaft von Ortsgemeinden verwenden läßt und ob weitere institutionelle Formen ökumenischer Spiritualität gefunden oder gegründet werden können, die dann freilich gegen erneute Verfestigungs-Tendenzen, wie sie Institutionen eben kennzeichnen, gewappnet sein müßten.

4. Spiritualität und Lehre

Die orthodoxen Kirchen trennen von ihrem Ansatz her nicht scharf zwischen Spiritualität und Lehre; feministische und Befreiungs-Theologie sind an einer strengen Unterscheidung nicht interessiert. In den westlichen Kirchen aber versteht sich herkömmlicherweise die Lehre als über der Spiritualität stehend. Sofern sie überhaupt mit Spiritualität zu tun hat, kommt sie als Steuerungs-Instrument in Frage. Im Bereich der Ökumene fühlen sich die Theologen zur Entscheidung darüber berufen, welche Art von Spiritualität zugelassen werden kann. In Lehrgesprächen arbeiten sie ggf. Konvergenzen heraus, nach deren Maßgabe sich dann ökumenische Spiritualität entfalten darf oder nicht.

4.1 *Dogmatik und Spiritualität* haben nach beiderseitigem Selbstverständnis nur wenig miteinander zu tun: Spiritualität ist an dogmatischen Festlegungen nicht interessiert, Dogmatik verhandelt Fragen der Spiritualität allenfalls am Rande.

Das ist keineswegs verwunderlich: Klassische konfessionelle Dogmatik fragt nach der Lehre und nicht nach dem Leben, und sie hält auch letztlich die Lehre für wichtiger als das dieser entsprechende Leben. Sie erschließt die Lehre in Auseinandersetzung mit der menschlichen Rationalität und mit der Geschichte des Dogmas, angefangen bei den biblischen Zeugnissen. Sie hat daher auch besonders die Geschichte der Konflikte um die Lehre scharf im Auge. Sie arbeitet die Kontroverse klar heraus, die Differenz und nicht die Anschlußstellen zu anderswo in der Christenheit vertretenen Standpunkten. Sie ruft vor allem Theologen — über Laien hat sie weithin ihre Macht verloren — zur Ordnung, wenn diese nach ihrer Meinung falsche Lehre verkünden oder sich einer problematischen Spiritualität öffnen. Sie eignet sich zur Domestizierung, wenn ein Theologe sich in scheinbar unangemessener, der Lehre nicht entsprechender Weise therapeutisch engagiert wie Eugen Drewermann, oder gesellschaftspolitisch exponiert wie Leonardo Boff. Sie übergibt den Betreffenden dann dem vollstreckenden „Arm" der kirchlichen Institution, die im protestantischen Bereich sich meist auf das Urteil der Theologen verläßt, im römisch-katholischen Raum kraft eigener Lehrautorität entscheidet. Solange die Verhältnisse zwischen Spiritualität und Dogmatik so liegen, kommt Dogmatik letztlich nur als Störfaktor für eine im Entstehen begriffene ökumenische Spiritualität in Frage. Aber die Verhältnisse beginnen sich zu wandeln.

Seit einigen Jahren kehrt das Thema Gebet wieder in die evangelische Dogmatik zurück. Manche Dogmatiker der altprotestantischen Orthodoxie hatten am Ende eines Lehrstücks ein „suspirium", einen Gebets-Seufzer, in ihre Dogmatik eingefügt[141]. Die Trennung zwischen Spiritualität und dogmatischer Reflexion war nicht immer so scharf, wie sie unter dem Einfluß der Aufklärung geworden ist. Sie muß zwar im Interesse methodischen Vorgehens erhalten, im Sinne des Ziels aller Dogmatik aber letztlich überwunden werden. Einzelne Theologen bemühen sich um die Gewinnung eines seelsorgerlich-therapeutischen Stils in der Dogmatik; spirituelle Theologie, die auf geistliche Erfahrung verweist und aus ihr kommt, wird in Umrissen sichtbar. Die Unterscheidung der Geister, die ja im Blick auf Spiritualität unerläßlich ist, wird nicht nur als rationale, sondern selbst als spirituelle Aufgabe begriffen.

4.2 *Ethik und Spiritualität* scheinen durch ein engeres Verhältnis gekennzeichnet als Spiritualität und Dogmatik. „Die Lehre trennt, aber der Dienst vereint", hatte die Devise der

---

[141] So D. Hollatz in seinen Examen theologicum acroamaticum (Nachdruck: Darmstadt 1971). Dieser schöne Brauch lebt auf z. B. bei P. Knauer, Unseren Glauben verstehen, Würzburg ²1987.

Weltkonferenz für Praktisches Christentum in Stockholm 1925 gelautet (vgl. oben S. 148f). Doch auch hinter dem „Dienst" und einem jeweiligen Ethos stehen ganz bestimmte lehrmäßige Voraussetzungen, die bislang in der ökumenischen Diskussion vernachlässigt worden sind. So gelingt zwar hin und wieder ein ökumenisches „Glanzstück" (H. Vorster) wie die Denkschrift „Gott ist ein Freund des Lebens". Aber der Glanz reicht dann unter Umständen doch nicht aus, auch die Praxis der Alltags-Spiritualität zu erhellen: Maßnahmen wie das Glockenläuten am Tag der Unschuldigen Kinder, in der einen Konfession propagiert, werden von der anderen nicht verstanden, weil die Voraussetzungen und Argumentationsweisen eben doch unterschiedlich sind. Auch in diesem Bereich läßt sich Spiritualität nicht durch eine bestimmte „Ethik" verordnen. Sowohl in der Ethik als auch in der Dogmatik kommt es darauf an, daß die Interdependenz mit spirituellen Erfahrungen wiedergewonnen wird: Theologische Theorie und spirituelle Praxis bedingen sich gegenseitig — das gilt auch für ökumenische Prozesse.

II. Auf dem Weg zu ökumenischer Identität

Für die Gewinnung ökumenischer Identität hatten bilaterale und multilaterale Dialoge eine nicht zu unterschätzende, aber letztlich doch nur begrenzte Reichweite[142]. Selbst wenn sie zu greifbaren Ergebnissen führten, die in zwischenkirchliche Vereinbarungen mündeten (was ja nur selten der Fall war), hatten sie kaum tiefere ökumenische Auswirkungen auf die beteiligten Kirchen. Die spektakuläre Aufhebung der Bannflüche zwischen Rom und Konstantinopel am Ende des II. Vatikanischen Konzils brachte nicht die intendierte Gemeinschaft zwischen römisch-katholischer und den orthodoxen Kirchen zuwege. Nach dem Zusammenbruch

---

[142] H.-M. Barth, Von der Konvergenz zur Interdependenz — auf dem Weg zu ökumenischer Frömmigkeit, in: ders. u. a., Das Regensburger Religionsgespräch im Jahr 1541. Rückblick und aktuelle ökumenische Perspektiven, Regensburg 1992, 106-123.

des Sowjet-Systems sind die Spannungen sogar wieder erheblich gestiegen.

Andererseits haben innerprotestantische Lehrgespräche wie diejenigen zwischen den reformatorischen Kirchen Europas (Leuenberg) oder zwischen Lutheranern und Methodisten in relativ kurzer Zeit nachvollzogen, was eben auf der spirituellen Ebene bereits Wirklichkeit geworden war! Das heißt: Lehrgespräche und zwischenkirchliche Vereinbarungen allein reichen offensichtlich nicht aus, wenn eine neue, über die Dialog-Bereitschaft hinausführende ökumenische Identität entstehen soll. Das Verhältnis von Dialog und Spiritualität muß neu bestimmt werden. Dialoge und deren Ergebnisse tragen zu ökumenischer Spiritualität bei, aber sie schaffen sie nicht. Spiritualität dagegen geht dem Dialog voraus, führt in ihn hinein und drängt über ihn hinaus.

Für die weitere Entwicklung ist daher entscheidend, wie es von einer konfessionellen zur ökumenischen Identität — sowohl der einzelnen Christen als auch ihrer kirchlichen Gemeinschaften — kommen kann. Wie sich ein Christ als Mitglied seiner Ortsgemeinde und darüberhinaus seiner Landeskirche / Diözese usw. verstehen kann, sollte es doch auch möglich sein, daß er sich als Mitglied seiner eigenen Kirche und darüberhinaus der Weltchristenheit erfaßt. Es käme nun darauf an, daß er seine christliche Identität nicht von seiner Konfession aus definiert, sondern seine konfessionelle Identität von der weltweiten Ökumene her, deren Vorhandensein er dankbar auf das Wirken des Heiligen Geistes zurückführt. Die Christen sind in manchen Regionen der Erde Katholiken, in anderen Orthodoxe oder Protestanten. Was sie grundlegend definiert, ist, daß sie Christen sind — und nicht die Zugehörigkeit zu einer bestimmten Konfession!

Eine ständig sich vertiefende ökumenische Spiritualität, wie sie an nicht wenigen Stellen innerhalb der christlichen Konfessionen heranreift, wird ohne Zweifel zu einer immer stärker empfundenen ökumenischen Identität führen — wie umgekehrt gestärkte ökumenische Identität dann auch ihrerseits jede Form ökumenischer Spiritualität befruchten und beleben wird. Es kommt folglich darauf an, wie sich eine wahrhaft ökumenische Spiritualität fördern läßt. Was kann über den kreativen Umgang mit den beschriebenen Störfaktoren hinaus dazu beigetragen werden?

1. Institutionelle Hilfen

1.1 Es gilt, das *Erreichte zu sichern* und trotz aller berechtigten Klagen dafür *dankbar* zu werden und zu bleiben. Gemessen an Zeiten Pius' IX. oder auch Pius' XII. ist die Sache der Ökumene sowohl in den Herzen der Glaubenden als auch in den kirchlichen Zentralen eben doch ein mächtiges Stück vorangekommen. Gott dafür zu danken, ist eine geistliche Aufgabe. Ihr entspricht die Bemühung, nichts davon zu verschenken und — im Rahmen des Erreichten — neue Spielräume zu entdecken und zu nutzen. Die Möglichkeiten gemeinsamer Gottesdienste, gemeinsamen Bibelstudiums und gemeinsamen Gebets sind noch lange nicht ausgeschöpft — vielleicht auch deswegen, weil bislang zu wenige institutionelle Formen dafür gefunden wurden.

1.2 Beim Ringen um institutionalisierte Formen ökumenischer Spiritualität wird es auch zum *Konflikt mit bestehenden Institutionen* kommen. Es ist ungeistlich, als ungeistlich erkannte institutionelle Grenzen anzuerkennen. Ökumenische Spiritualität kann gerade nicht mit zwischenkirchlichen Stillhalte-Abkommen arbeiten, sondern sie fordert die aktive Einmischung auch in die Belange jeweils fremder Konfessionen. Der Verzicht auf Auseinandersetzung würde zugleich Verzicht auf weiteren ökumenischen Fortschritt bedeuten. Deshalb fordere der evangelische Christ und seine Kirche tapfer von der katholischen Seite die Rücknahme des Verbots von ökumenischen Gottesdiensten an Sonntagen, das Eingeständnis, daß Zölibat und Nichtordination von Frauen innerkonfessionelle, binnenkatholische Regelungen sind, er fordere die freie theologische Diskussion von Anliegen und Einsichten evangelischer Theologie — um nur einige Punkte zu nennen. In geistlicher Verantwortung melde jeder Christ und jede kirchliche Gemeinschaft die eigenen Forderungen gegenüber den anderen Mitgliedern der Ökumene an. Zur Zeit gegebene institutionelle Regelungen, auch wenn sie sich als „göttlichen Rechts" verstehen, dürfen nicht ohne weiteres unverrückbare Grenzen weiterer ökumenischer Entwicklungen sein. Die Geschichte vom Fall der Mauern von Jericho kann alle ökumenisch Engagierten ermutigen! Was aus der Sicht der Wächter als „wilder Ökumenismus" beurteilt wird, könnte der nötige „Hall der Posaunen" und das ihm folgende „Kriegsgeschrei" sein (Jos 6,20); auch im Blick auf den Fortgang der Ökumene selbst bedarf es neben der Kontemplation der Zivilcourage und des Kampfes!

1.3 *Gesellschaftliche Veränderungen* können, zumal der Raum der Institutionen ohnehin in Bewegung ist, genutzt werden. In vielen Regionen der Welt scheint zwischen den Konfessionen ein konfessionelles Niemandsland zu entstehen, dem die Konfessionen einerseits gemeinsam ausgesetzt sind, das sie aber auch gemeinsam erschließen könnten. Über der gemeinsamen Aufgabe einem Dritten gegenüber könnten sie auch einander begegnen. Möglicherweise bietet die in den letzten Jahren vielbesprochene Neuevangelisierung Europas dafür Ansatzpunkte, die nicht im Sinne konfessioneller Eigeninteressen verspielt werden dürfen.

Eine besondere gesellschaftliche Bedeutung kommt ohne Zweifel der Emanzipation der Frauen zu. Hier ist eine Kraft am Werk, die, von anderen Implikationen abgesehen, überkonfessionell wirksam ist, sich in gewisser Weise gegen Verkrustungen in allen Konfessionen wendet und zugleich in alle Konfessionen weiterführende spirituelle Erfahrungen einbringen kann. Sie wird sich gewiß nicht einfach ökumenisch funktionalisieren lassen. Aber sie ist vorhanden und wird ökumenische Auswirkungen haben, die als Gabe an die Christenheit erkannt werden sollten.

2. Konfessionelle Identität im ökumenischen Kontext

2.1 Eigene konfessionelle Identität kann im ökumenischen Kontext wahrgenommen und vertieft werden, wenn der interkonfessionelle *Dialog* nicht nur unter kognitiven, sondern vor allem *unter seelsorgerlichen Gesichtspunkten* geführt wird. Die entscheidenden Fragen lauten dann nicht mehr: Was lehrt die Confessio Augustana bzw. das Tridentinum über die Rechtfertigung? Sondern nun gilt es zu bedenken: Was bedeutet dem Protestanten die in der Reformation zum Ausdruck gebrachte Gewißheit um Gottes Gnade bzw. dem Katholiken das in Trient und späterhin artikulierte Verhältnis von Gnade und guten Werken, was dem Orthodoxen die Perspektive der Theosis (s. oben S. 28f)? Nicht: Was lehren die Dogmen von 1854 und 1950 über Maria und was könnten Protestanten notfalls daran teilen, sondern: Was kann Maria dem Katholiken und Orthodoxen im Alltag bedeuten — und worin bestehen die Schwierigkeiten des Protestanten, das nachzuvollziehen? Warum ziehen Protestanten im allgemeinen das freie Gebet dem gebundenen vor, und was bringt dem Katholiken der Rosenkranz und dem orthodoxen Christen das Herzensgebet? Welche Probleme hat man mit dem Gebet in der Theologie der Befreiung und welche Schwierigkeiten und neuen Erfahrungen in einer feministisch geprägten Spiritualität? Die Ebene solcher Dialoge ist dann freilich nicht die professionelle Theologie, sondern der Alltag, in dem Christen unterschiedlicher Traditionen gerade durch ihre unterschiedliche Spiritualität einander geistlich beistehen und nahekommen können. In solchem Dialog liegt ein seelsorgerlich-therapeutisches Moment. Gerade aufgrund ihrer Unterschiedlichkeit können Christen verschiedener Konfessionen, ihrer Sendung entsprechend, einander Priester und Priesterinnen sein.

2.2 *Ökumenisches Lernen* steht in der offiziellen ökumenischen Diskussion seit langem hoch im Kurs. Schon in Vancouver hatte eine Arbeitsgruppe „Ziele einer lernenden Gemeinschaft" formuliert, nämlich: „einander zu helfen, an Jesus Christus als die Quelle des Lebens zu glauben; gemeinsam zu entdecken, daß Gott uns eine Welt gegeben hat; uns am Kampf für Gerechtigkeit und Frieden auf der ganzen Welt zu beteiligen; Gemeinschaften anzugehören, die prophetisches Zeugnis ablegen, und unser Ringen auf Ortsebene mit weltweiter Perspektive zu verbinden."[143] Die Umsetzung dieses Programms läßt aber noch weitgehend zu wünschen übrig, wohl deswegen, weil es sehr umfassend formuliert ist und doch nur in sehr kleinen Schritten verwirklicht werden kann. Ökumenisches Lernen beginnt damit, daß man sich im Kirchengebäude, vielleicht in der Sakristei, der Nachbarkonfession auskennt, daß man über Titel und Funktionen, die

---

[143] Zitiert nach: A. M. Moderow und M. Sens (Hg.), Orientierung Ökumene. Ein Handbuch, Berlin ²1987, 117.

dort zu Hause sind, Bescheid weiß, daß man weiß, welches geistliche Schrifttum der Nachbarchrist aus einer anderen Konfession auf seinem Nachttisch bereitliegen hat. Ökumenisches Lernen speist sich aus einer spirituellen Neugier auf Erfahrungen, die andernorts mit dem Heiligen Geist gemacht werden, und es führt in die Bereitschaft, Enttäuschungen mit der eigenen Kirche und der dort begegnenden Spiritualität einzugestehen.

2.3 Ökumenische, konfessionsübergeifende Identität wächst dann heran, wenn sich seelsorgerlich-therapeutisch geführter Dialog und ökumenisches Lernen mit einem *pluralen Wahrheitsbewußtsein* verbinden. Die traditionellen Modelle, Wahrheit konfessionsgebunden zu verstehen, reichen nicht mehr aus. Die Behauptung, daß es außerhalb einer bestimmten Kirche kein Heil gebe, wird heute so von keiner ernstzunehmenden Gruppe in der Christenheit wiederholt; zu offensichtlich ist es, daß das Wirken des Geistes nicht an konfessionellen Grenzen endet. Das Denkschema, daß die Wahrheit in einer bestimmten Kirche umfassend, in der übrigen Christenheit aber nur bruchstückhaft vorhanden sei, entspricht zwar dem II. Vatikanum, setzt aber seinerseits ein ganz bestimmtes Wahrheitsverständnis voraus, das einer geistlichen Prüfung bedarf. Das im Protestantismus verbreitete Denkmodell, daß alle empirischen Kirchen nur partikulare Gestalten der einen Kirche darstellen und damit nicht über die Wahrheit im eschatologischen Sinne verfügen, tendiert dazu, die tatsächlichen Unterschiede zwischen den Konfessionen zu bagatellisieren und die Wahrheitsfrage zu neutralisieren. Alle die genannten Modelle arbeiten mit einem Wahrheitsbegriff, der nicht voll der Tatsache Rechnung trägt, daß Wahrheit in der biblischen Tradition personal verfaßt ist — als Treue Jahwes, als die in Jesus Christus offenbare, Weg und Leben einbegreifende Wahrheit, vermittelt nicht anders als durch das Wirken des Heiligen Geistes. Es ist daher nicht zureichend, die Präsenz von Wahrheit im Sinne eines zu definierenden kognitiven Gehalts an einen bestimmten Aussagen-Katalog zu binden. Deswegen vermögen die herkömmlichen Bilder — Kern und Schale, Gehalt in unterschiedlicher Gestalt, Hierarchie von Wahrheiten — nicht zu befriedigen: Die Wahrheit, um die es im christlichen Glauben geht, ist eine Wahrheit der Beziehung und eben darin heilende, befreiende und einende Wahrheit. Da wiederum in allen Konfessionen auch davon etwas gewußt, geahnt und in der jeweiligen Spiritualität zum Ausdruck gebracht wird, liegt in der spirituellen Entdeckung und Vertiefung des Bewußtseins darum die Chance für die Gewinnung einer die Konfession nicht ignorierenden, sondern übergreifenden ökumenischen Identität.

3. Spirituelle Integrationsperspektiven

3.1 Alle christlichen Kirchen, Konfessionen und Gruppierungen sind durch geistliche *Armut* gekennzeichnet: Dies könnte ihre erste Integrationsperspektive sein. In einer Menschheit, die zu zwei Dritteln aus Armen besteht, ist es gewiß wichtig, daß die Christen und ihre kirchlichen Gemeinschaften materielle Armut teilen bzw. gegen sie angehen. Der gemeinsame Kampf um Gerechtigkeit, Frieden und Bewahrung der Schöpfung gibt auch als solcher eine Integrationsperspektive ab. Aber als ökumenisch relevant dürfte sie erst deutlich werden, wenn Gerechtigkeit, Friede und Bewahrung der Schöpfung im Sinne des christlichen Glaubens verstanden und auf eine ihm entsprechende Weise erstrebt werden. Gerade dabei wird aber etwas von der geistlichen Armut sichtbar werden, die bei einiger Ehrlichkeit jeder Christ und jede christliche Gemeinschaft bei sich selbst vor Gott beklagen wird. Keine Kirche oder Konfession wird sich schlichtweg als blühend vorkommen, so daß man ihr nicht von Herzen den Beistand des Heiligen Geistes wünschen müßte. Selbst in Phasen der Erweckung und Erneuerung, ja gerade in ihnen, werden geistliche Defizite besonders schmerzlich empfunden. Sobald die Kirchen nicht von dem ausgehen, was sie an Wahrheit, Einsicht, Erfahrung, Ausstrahlung und Macht „besitzen", sondern von dem, was ihnen fehlt und was sie von Gottes Geist erbitten, werden sie sich auf der gemeinsamen Basis all derer finden, die sich ganz und gar auf Gott angewiesen wissen. Sich und den anderen die eigene Hilflosigkeit und Schwäche einzugestehen, könnte die ökumenische Sache stark machen, weil Gottes Kraft „in den Schwachen mächtig" (2 Kor 12,9) ist.

3.2 Mag das Christentum in sich selbst auch zerstritten sein, von außen wird es als eine Gesamtgröße wahrgenommen. Der Buddhist oder der Muslim oder auch der säkulare areligiöse Mensch geht nicht davon aus, daß es sich bei einer bestimmten Kirche um das „eigentliche" Christentum handelt, selbst wenn eine bestimmte Konfession sich das wünschen sollte. Mit der *zunehmenden Dringlichkeit des interreligiösen Dialogs* stellt sich daher auch die Frage nach der innerchristlichen Ökumene noch einmal neu. Es wäre unverantwortlich, wenn sich eine Kirche angesichts der Schwierigkeiten innerhalb der Christenheit von den unerledigten ökumenischen Aufgaben ab- und dem scheinbar verheißungsvolleren interreligiösen Dialog zuwendete. Vielmehr gälte es nunmehr zu fragen, was der christliche Glaube in seiner einzelne Bekenntnisse übergreifenden ökumenischen Gestalt einer anderen Religion gegenüber zu sagen und zu bieten, was er aber vielleicht auch zu lernen und aufzunehmen hat. Dabei könnten sich die einzelnen Kirchen und Konfessionen sowohl ihrer spezifischen als auch ihrer ökumenischen Situation neu bewußt werden und in Auseinandersetzung mit religiösen oder areligiösen Kräften außerhalb ihrer selbst einen gemeinsamen Innovationsschub erfahren.

3.3 Auch wenn es dem Protestanten auf den ersten Blick befremdlich erscheinen mag, ist zu erwägen, ob nicht *Maria, die Mutter Jesu Christi,* ein hilfreiches *ökumenisches Integrationssymbol* sein könnte. Ein tiefes Wissen um Maria ist in vielen römisch-katholischen und orthodoxen Christen zu Hause, und der Protestant könnte, wenn er das Glaubensbekenntnis betet und an die Passage „geboren von der Jungfrau Maria" kommt, seiner orthodoxen und katholischen Freunde gedenken, denen die Gestalt Mariens spirituell so wichtig ist. Er könnte sich der Magnificat-Auslegung Martin Luthers erinnern oder die Marien-Statuen und -bilder, die sich ja auch in vielen evangelischen Kirchen noch finden, neu entdecken. Selbst wenn er Quäker ist und das Schweigen dem gesprochenen Gaubensbekenntnis vorzieht, könnte er bedenken, was sein Schweigen mit Maria zu tun hat, die ja ebenfalls Worte „in ihrem Herzen bewegte" (Lk 2,19). Ohne sich sogleich auf den Streit um mariologische Fragen einzulassen, ist doch jedenfalls festzuhalten, daß Maria allen Chri-

stenmenschen als Symbol des Glaubens und der Hingabe an
Gottes Verheißung dienen kann. Ökumenische Spiritualität
könnte sich eine an Maria gewonnene gemeinchristliche
Anthropologie zu eigen machen. „Glauben", im Blick auf
Maria verstanden, würde dann heißen: Sich in seinem Sein
und So-Sein dem Heilsplan Gottes verdankt wissen, sich für
eine fundamentale Beziehung zu Jesus Christus öffnen lassen
und in dieser Beziehung leben, sich durch den Geist Gottes
auf den Weg gebracht finden und sich dem überlassen, was
geschehen wird ...

3.4 Als große theologische Integrationsperspektive für die
verschiedenen christlichen Spiritualitäten empfiehlt sich das
Bekenntnis zum dreieinigen Gott, das sich auch auf der
kognitiven Dialog-Ebene mannigfach bewährt hat. Spiritualität der Befreiung kann sich darin unterbringen durch die
Wahrnehmung einer prinzipiellen Sozialität Gottes, der eben
nicht monolithisch-despotisch gedacht werden darf[144]. Feministisch geprägte Spiritualität kann das trinitarische Modell in
einem antisexistischen Sinne nutzen. Charismatische Spiritualität wird ihre geistlichen Erfahrungen nicht isolieren,
sondern in inniger Verbindung mit Schöpfung und Erlösung
sehen wollen. Aber auch die klassischen christlichen Konfessionen können sich hier gegenseitig neu entdecken und bereichern: Orthodoxe Theologie wird ihren spezifischen Ansatz
in der Liebe und der Beziehung beitragen, sich von Katholiken und Protestanten aber auf die Notwendigkeit der klärenden und abgrenzenden Definition aufmerksam machen lassen. Römisch-katholische Theologie kann ihre Schöpfungs-
und Geschichtsverbundenheit zur Geltung bringen, durch
die Begegnung mit der Orthodoxie aber auf das Moment des
Charismatischen und durch den Einspruch der Reformation
auf die Radikalität einer Theologie des Kreuzes hinweisen lassen. Reformatorische Theologie wird ihre Prägung durch das
Kreuz Christi einzubringen haben, aber sich zugleich daran
erinnern lassen, daß eine Reduktion auf Christologie ins

---

[144] Vgl. J. Moltmann, Trinität und Reich Gottes. Zur Gotteslehre,
München 1980, sowie L. Boff, Der dreieinige Gott, Düsseldorf 1987.

Abseits führen muß. Gerade im Rahmen trinitarischen Denkens können alle Konfessionen einander geben und voneinander lernen.

4. Ökumenische Spiritualität als geistliche Erfahrung und Aufgabe

4.1 Die *Zugehörigkeit zu einer bestimmten Konfession* beruht in der Regel nicht auf bewußter eigener Entscheidung; diese Tatsache muß als *providentiell* gegeben bedacht werden. Oft vermitteln Verteidiger einer bestimmten konfessionellen Position den Eindruck, als verfügten sie über einen spezifischen Zugang zur Wahrheit, den eben auch der Partner anerkennen oder am besten teilen sollte; tatsächlich aber ist ihr Zugang über Geburt und Primärgruppe erfolgt. Selbst der Papst oder der Leiter der Glaubenskongregation sind deswegen Katholiken, weil sie aus römisch-katholischen Familien hervorgegangen sind. Solche Grundgegebenheiten sind auch spirituell ernstzunehmen und zu würdigen: Der Katholizismus muß in Rechnung stellen, daß er mit seiner Spiritualität und kirchlichen Ordnung nur knapp zwei Drittel der Weltchristenheit erfaßt, während der Protestantismus mit der Tatsache leben muß, daß die Reformation eben nicht, wie es ihre ursprüngliche Intention war, zu einer Erneuerung der Gesamtkirche geführt hat. Die Orthodoxie wiederum hat zu verarbeiten, daß sie seit fast tausend Jahren einer westlichen Christenheit gegenübersteht, die durch andere Fragestellungen und Argumentationsmuster geprägt ist als sie selbst. Ökumenische Spiritualität erfordert und ermöglicht es, solche Gegebenheiten geistlich ernstzunehmen und mit dem göttlichen Heilsplan in Zusammenhang zu sehen. Damit verändert sich die Haltung dem jeweiligen Partner gegenüber, ob es sich nun um eine ganze Kirche oder ein einzelnes ihrer Mitglieder handelt.

4.2 *Ökumenische Zurückhaltung* könnte sich einstellen, wenn eben diese Tatsache Berücksichtigung fände, und zwar nach zwei Hinsichten: Der Christ einer bestimmten konfessionellen Prägung wird demjenigen, der einer anderen Konfession angehört, begegnen mit Respekt gegenüber dem

Weg, den Gott mit eben diesem ihm fremden Partner hatte und hat. Das heißt nicht, daß sich der weitere Weg nicht ändern könnte, aber es ist zunächst einmal der Ausgangspunkt weiterer — getrennter oder gemeinsamer — Schritte. Eine kritische Gegenüberlegung, die ich aber nicht im Blick auf den Partner, sondern auf mich selbst anstellen werde, geht jedoch dahin, daß ich mich frage: Inwieweit könnte sich in meiner konfessionellen Identifikation, die ja mit meiner Sozialisation und vielleicht sogar mit meiner psychosomatischen Konstitution zu tun hat, ein sehr ich-bezogenes Stabilisierungsbedürfnis verbergen? Ist mir etwas „heilig", weil letztlich ich selbst unantastbar sein möchte? Schütze ich durch konfessionelle Identifikation mein „Ego", gemeinsam mit anderen, die ebenfalls an ihr „Ego" niemanden und nichts herankommen lassen wollen, so daß wir zusammen einem System von Gruppen-Egoismen auflaufen? Müßte ich nicht bereit sein, gerade das, was mir auf so problematische Weise „heilig" ist, aufzugeben?

4.3 *Ökumenische Geduld* wird ein drittes Kennzeichen ökumenischer Spiritualität sein. Ökumenischer Überdruck schafft Polarisation, unter Umständen sogar innerhalb der eigenen Konfession. Der Weg der Kirche wird letztlich nicht von deren Mitgliedern bestimmt. Daß die Christenheit mit ihrer Spaltung bislang nicht fertig geworden ist, kann auch als mächtiges Zeichen dafür verstanden werden, daß sie sich eben nicht selbst zu managen vermag. Sie bleibt auf das Wirken des Geistes angewiesen, der weht, „ubi et quando visum est Deo — wo und wann es Gott gut scheint" (CA V). Ökumenische Spiritualität ist von diesem unverfügbaren Geist geprägt und liefert sich immer neu ihm aus. Sie hat ein Ziel, nämlich die sichtbare Einheit der Kirche voranzubringen, aber ihr Ziel liegt auch im Weg. Sie ermutigt deshalb dazu, anstelle von Globalzielen Teilziele der ökumenischen Bewegung zu formulieren und in bescheidenen Schritten anzusteuern. Jeder noch so unbedeutend erscheinende ökumenische Beitrag darf verstanden werden als ein Teilmoment der großen, weltweiten, alle Kirchen erfassenden Bewegung, in der sich das Wirken des Gottesgeistes vollzieht.

4.4 *Gemeinsames Wachsen im Glauben, in der Hoffnung und in der Liebe* führt jeden einzelnen Christen und jede Teilkirche über sich selbst hinaus. Geistliches Wachstum überwindet Grenzen. Es läßt sich nicht festschreiben auf einen Zustand, der zu einem bestimmten Zeitpunkt bestehen, Kritik auslösen oder sogar befriedigen mag. Wachstum stößt Erstorbenes ab, ohne sich groß damit aufzuhalten. Es ist nicht auf Vergangenes fixiert, sondern dem neuen Tag zugewandt. In Sachen des Glaubens, der Hoffnung und der Liebe haben alle von allen zu lernen. In der Spiritualität der Befreiung ist die Hoffnung besonders stark ausgeprägt; diese würde schal ohne klaren Grund im Glauben und eindeutiges Ziel in der Liebe. Feministische Spiritualität hebt auf Liebe ab, die ihrerseits getragen sein will vom Glauben und erfüllt von der Hoffnung. Charismatische Spiritualität rechnet in besonderer Weise mit dem erneuernden Wirken des Heiligen Geistes. In der orthodoxen Spiritualität ist eine spezifische Gestalt hoffender Gewißheit lebendig, in der römisch-katholischen Kirche begegnen ungewöhnlich eindrucksvolle Zeugnisse der Liebe, im Protestantismus Unbedingtheit des Vertrauens und Radikalität eines Glaubens, der Gott allein die Ehre lassen will. Glaube, Hoffnung und Liebe können isoliert und unabhängig voneinander nicht leben. Sie sind in der Spiritualität aller Kirchen präsent; trotzdem gibt es unterschiedliche Schwerpunkte. Die einzelnen Kirchen, Konfessionen und christlichen Gruppierungen werden umso rascher und tiefer zusammenwachsen, je klarer und umfassender in ihnen selbst Glaube, Hoffnung und Liebe einander finden.

Abkürzungen (soweit nicht nach TRE)

CA   Confessio Augustana. Die Augsburgische Konfession (BSLK 31ff)

Dir   Päpstlicher Rat zur Förderung der Einheit der Christen, Direktorium zur Ausführung der Prinzipien und Normen über den Ökumenismus, hg. vom Sekretariat der Deutschen Bischofskonferenz (Verlautbarungen des Apostolischen Stuhls 110), Bonn 1993

DS   Denzinger H., Schönmetzer A. (Hg.), Enchiridion Symbolorum, Definitionum et Declarationum de Rebus Fidei et Morum, Freiburg i. Br.[36]1973

DV   Dei Verbum. Dogmatische Konstitution über die göttliche Offenbarung (LThK. E2, 497ff)

LG   Lumen Gentium. Die dogmatische Konstitution über die Kirche (LThK.E 1, 156ff)

ÖRK   Ökumenischer Rat der Kirchen

UR   Unitatis Redintegratio. Dekret über den Ökumenismus (LThK.E 2, 40ff)

WA   Luther M., Werke. Kritische Gesamtausgabe (Weimarer Ausgabe), Weimar 1883ff.

Literaturhinweise
(Auswahl; vgl. die in den Anmerkungen genannte Literatur!)

Allgemeine und einführende Literatur:

Evangelische Spiritualität. Überlegungen und Anstöße zur Neuorientierung. Vorgelegt von einer Arbeitsgruppe der Evangelischen Kirche in Deutschland, Gütersloh 1979

Christsein gestalten. Eine Studie zum Weg der Kirche. Hg. vom Kirchenamt im Auftrag des Rates der Evangelischen Kirche in Deutschland, Gütersloh 1986

Praktisches Lexikon der Spiritualität. Hg. von Christian Schütz, Freiburg i. Br. 1988

Dictionnaire de Spiritualité, 1932ff (DSp)

The Westminster Dictionary of Christian Spirituality, Philadelphia 1983

Balthasar H. U. v., Das Evangelium als Norm und Kritik an der Spiritualität in der Kirche, in: Conc 1 (1965) 715-722

Barth H.-M., Gemeinsam im Glauben und in der Liebe wachsen. Kriterien evangelischer Frömmigkeit, in: Im Lichte der Reformation XXXIV (1991) 5-24.

Jaspert B., Frömmigkeit und Kirchengeschichte, Sankt Ottilien 1986

Kassel M., Das Auge im Bauch. Erfahrungen mit tiefenpsychischer Spiritualität, Olten 1986

Pannenberg W., Christliche Spiritualität, Göttingen 1986

Rotzetter A., Neue Innerlichkeit, Mainz/Stuttgart 1992

Rotzetter A. (Hg.), Seminar Spiritualität, 4 Bde., Zürich 1979ff

Thilo H.-J., Frömmigkeit. Aus dem Reichtum der Traditionen schöpfen, München 1991.

Ökumenische Liederbücher:

Ökumenisches Liederbuch. Lieder — Texte — Graphiken, Gelnhausen/Berlin 1971

Jesus Christus — das Leben der Welt. Ein Gottesdienstbuch für die Sechste Vollversammlung des Ökumenischen Rates der Kirchen, Genf 1983

Gesänge aus Taizé, Taizé 1986

Mein Liederbuch 2. Oekumene heute, Düsseldorf 1992

Damit sie alle eins seien. Zehn Andachten mit Texten und Liedern aus der Ökumene, Evangelische Kirche von Kurhessen-Waldeck, Ökumene-Ausschuß o. J.

Ökumenische Gebetbücher:

Bezzenberger G. E. Th. (Hg.), Ökumenisches Brevier, Kassel 1985

Mumm R. (Hg.), Ökumenische Gebete, bearbeitet von K. Schlemmer, Regensburg-Stuttgart 1991.

Nigg W. (Hg.), Gebete der Christenheit, München und Hamburg 1965

Sammle dein Volk zur Einheit. Ökumenische Gebete der Christenheit, hg. von der gemeinsamen Arbeitsgruppe der römisch-katholischen Kirche und des ÖRK, Freiburg 1971

Reinhart V., in Verbindung mit der Arbeitsgemeinschaft Christlicher Kirchen im Lande Niedersachsen (Hg.), Du in unserer Mitte. Ökumenisches Gebetbuch, Freiburg i. Br. 1989

Sachregister

Ökumenische Studienhefte

Im Auftrag des Konfessionskundlichen Instituts
hg. von Hans-Martin Barth und Reinhard Frieling

Die Bensheimer Ökumenischen Studienhefte (ÖSt) sind eine große Hilfe für Unterric
und Gemeindepraxis. Sie führen in die ökumenischen Dialoge der letzten Jahrzehnte e
Texte, Kommentare und Perspektiven vermitteln eine Bilanz der Ökumene, die jeder ök
menisch Interessierte kennen muß.

1. **Ökumenische Zielvorstellungen:** Harding Meyer, Straßburg (erscheint Frühj.
2. **Wort Gottes, Schrift und Tradition:** Hubert Kirchner, Berlin
3. **Rechtfertigung:** Ernstpeter Maurer, Bonn
4. **Kirche:** Jörg Haustein, Bensheim
5. **Taufe:** Erich Geldbach, Bensheim
6. **Abendmahl:** Eckhard Lessing, Münster (liegt vor)
7. **Amt:** Reinhard Frieling, Bensheim
8. **Bekennen und Bekenntnis:** Hans-Georg Link, Köln
9. **Spiritualität:** Hans-Martin Barth, Marburg (liegt vor)
10. **Reich Gottes:** Wolfram Weiße, Hamburg
11. **Gerechtigkeit:** Wolfgang Lienemann, Bern
12. **Friede:** Götz Planer-Friedrich, Neudietendorf
13. **Schöpfung:** Gerhard Liedke, Heidelberg
14. **Mission und interreligiöser Dialog:** Christine Lienemann-Perrin, Bern

Interessenten: Die Ökumenischen Studienhefte sollen im universitären Lehrbetrie
aber auch im Religionsunterricht und in der Erwachsenenbildung (Ökumenische Arbei
kreise) Verwendung finden, sowie Pfarrer / Pfarrerinnen und Mitglieder von kirchlich
Gremien ansprechen.

Aufbau: Jedes der Hefte enthält bei ca. 150 Seiten Umfang drei Teile:
A   Konfessions- und kontextspezifische Positionen (Darstellung/Dokumentation)
B   Ökumenische Prozesse und Dialoge (Darstellung/Dokumentation)
C   Bilanz und Perspektiven

Ab 1993 werden jährlich zwei Bände erscheinen.
Bei Bestellung der ganzen Reihe 10 % Nachlaß als Subskriptionspreis!
Einzelpreis DM 24,80!

BENSHEIMER HEFTE

Heft 65 : Walter Fleischmann-Bisten / Heiner Grote
Protestanten auf dem Wege
Geschichte des Evangelischen Bundes
1986, 240 Seiten, DM 22,80

Heft 66 : Erich Geldbach
Ökumene in Gegensätzen
Mit dem Memorandum „Reformatorische
Kirchen und ökumenische Bewegung"
in deutscher und englischer Sprache
1987, 232 Seiten, DM 22,80

Heft 67 : Reinhard Frieling / Walter Schöpsdau
Lehrverurteilungen damals und heute
Eine evangelische Arbeitshilfe zum Ergebnis
der Gemeinsamen Ökumenischen Kommission
1987, 56 Seiten, DM 9,80

Heft 68 : Eugen Hämmerle, Heinz Ohme, Klaus Schwarz
Zugänge zur Orthodoxie
2., überarbeitete Auflage
1989, 304 Seiten, DM 24,80

Heft 69 : Gottfried Maron
Zum Gespräch mit Rom
Beiträge aus evangelischer Sicht
1988, 316 Seiten, DM 29,80

Heft 70 : Erich Geldbach
Freikirchen —
Erbe, Gestalt und Wirkung
1989, 262 Seiten, DM 24,80

Heft 71 : Gerd Lüdemann
Texte und Träume.
Ein Gang durch das Markusevangelium in
Auseinandersetzung mit Eugen Drewermann.
2., durchgesehene Auflage
1993, 280 Seiten, DM 34,–

Heft 73 : Beatus Brenner (Hg.)
Europa und der Protestantismus
Ein Arbeitsheft mit Beiträgen von
Eberhard Jüngel, Reinhard Frieling
und Lothar Ullrich
1993, 292 Seiten, DM 24,80